W0047573

Christian Ryke

Nicht immer war's der erste Blick

Die Orgelpfeifen werden erwachsen

BRUNNEN

VERLAG GIESSEN · BASEL

ABCteam-Bücher erscheinen in folgenden Verlagen:
Aussaat Verlag Neukirchen-Vluyn
R. Brockhaus Verlag Wuppertal und Zürich
Brunnen Verlag Gießen und Basel
Christliches Verlagshaus Stuttgart
Oncken Verlag Wuppertal und Kassel

© 2001 Brunnen Verlag Gießen
Umschlagmotiv: Everett Coll. KIPA GmbH, Berlin/Köln
Umschlaggestaltung: Ralf Simon
Satz: DTP Brunnen
Herstellung: Wiener Verlag
ISBN 3-7655-1671-6

INHALT

Die Pathétique

Der Kirschbaum im Pfarrgarten stand in voller Blüte. Im weißduftigen Gewölk saß der Star, der schwarze Geselle, und schwatzte unaufhörlich von seinen Erlebnissen auf der großen Spanienreise im vergangenen Winter. Am Fuße des Kirschbaumes tschilpten die Spatzen und machten sich über den schwarzröckigen Weltenbummler lustig. Was wussten sie schon von Spanien, von goldenen Orangen im immergrünen Laub, von schneebedeckten Bergen und vom postkartenblauen Gestade des Mittelmeers?

Der Frühlingswind streichelte das bemooste Dach der alten Pfarrscheune, in dessen Gemäuer das flinke Wiesel hauste und der lustige Igel. Gerade eben führte Mutter Igel die goldgelben Bällchen ihrer sechs Igeljungen unter den Johannisbeersträuchern spazieren, wobei sie Vater Wiesel begegnete, der angriffslustig zischend über sie hinwegsprang, so dass Mutter Igel erschrocken die Stacheln emporstellte.

Das Liebespaar, das unter den rosa Blüten des Apfelbaumes stand, merkte von alledem nichts. Versunken hielten sich der schwarzlockige junge Mann und das junge Mädchen an der Hand und sprachen kein Wort.

In der Ferne blitzte der blaue See. Auf dem Scheunendach klapperte der Storch und hielt Zwiesprache mit seiner Störchin, die fachmännisch das Wagenrad begutachtete, das als Nestgrundlage für die künftige Familie dienen sollte.

Aus dem alten Pfarrhaus mit seinem weitgeschwungenen ziegelroten Dach und den tannengrünen Fensterläden scholl Hörnerklang. Dort übte das Familiensextett eifrig einen schwierigen Satz des Altmeisters der Turmbläser Gottfried Reiche, der es als Erster Trompeter im Orchester von Johann Sebastian Bach zu hohem Ruhm gebracht hatte.

Rein wie Dukatengold schollen die Töne der Sarabande durch die weit geöffneten Fenster und trafen die beiden Liebenden mitten ins Herz.

Plötzlich fuhr der schwarzlockige Johannes zusammen. Ärgerlich löste er seine Hand von der braunäugigen Gitta.

„Hast du gehört, wie Georg wieder an der gleichen Stelle gepatzt hat? Er kann diese Synkope einfach nicht begreifen. Unglaublich!"

Gitta funkelte ihn an. „Hast du jetzt wirklich keine anderen Gedanken als das dumme Blasen?", fragte sie.

„Na, hör mal, das musst du doch verstehen! Dreimal habe ich Georg jetzt schon die Passage vorgeblasen, und er kann und kann es nicht begreifen!" Und ohne die verdutzte Gitta weiter zu beachten, eilte er ins Haus.

Der Star im Kirschbaum hatte den Wortwechsel mit schräg geneigtem Kopf angehört und ließ nun ein entrüstetes Schnalzen hören. Wie konnte der schwarzhaarige Jüngling das junge Mädchen auch einfach so stehen lassen! Das sollte er einmal bei seiner Starenbraut wagen; die würde ihm schön heimleuchten.

Ja, das Mädchen unter dem Apfelbaum schien nicht gerade glücklich über den plötzlichen Abschied ihres Verehrers. Gedankenverloren pflückte sie ein Tausendschönchen und begann, die Blätter auszurupfen.

„Er liebt mich, von Herzen, mit Schmerzen, kann's gar nicht lassen, ein wenig, gar nicht …", murmelte sie vor sich hin.

Ärgerlich warf sie die zerrupfte Blume auf die Erde und ging zum See hinunter. Ihr rotweiß gestreifter Rock wehte.

Samstagabend in der alten Universitätsstadt.

Der Student der Theologie Johannes Ryke stand auf der steinernen Brücke, die schwungvoll über die dunklen Fluten des ruhig dahinfließenden Flusses führte.

Er hatte den rechten Arm auf das Geländer gestützt und lauschte dem Klang der Glocken, die den Sonntag einläuteten.

Morgen sollte er vertretungsweise seine erste Predigt in der grauen Universitätskirche halten. Als Predigttext hatte er die wunderschöne Stelle aus dem Korintherbrief gewählt, in der es heißt: „… und hätte der Liebe nicht, so wäre ich ein tönendes Erz oder eine klingende Schelle!"

Und hätte der Liebe nicht …!

Unwillkürlich wanderten seine Gedanken zu jenem Pfarrhaus in der Mark, in dem er vor nunmehr bald zwei Jahren das erste Glück der Liebe gefunden hatte, aber auch den ersten tiefen Schmerz.

Gitta, die lustige, braunäugige Gitta hatte ihr Herz von ihm abgewandt. Er hatte seit langem nichts mehr von ihr gehört.

Dennoch hatte er sie nicht vergessen. Immer wieder musste er an jene Frühlingstage denken, wo er mit ihr unter den blühenden Bäumen des Pfarrgartens und am Gestade des blauen Sees so manchen scheuen Kuss getauscht hatte.

Immer wieder sah er Gitta im Kreis der Geschwister, sah ihre liebliche Gestalt am Klavier, wenn sie einen Walzer von Strauß spielte oder die „Barcarole" von Offenbach.

Gerade die Musik hatte sein Herz dem ihren nahe gebracht, und er litt sehr darunter, dass er – unter dem Schmerz der ersten Enttäuschung – sich nun einsam in seine Studien vergraben hatte.

Ein Trost in dieser Dunkelheit waren die Klavierstunden, die er vor einiger Zeit bei einer Klavierlehrerin genommen hatte.

Sie war viele Jahre älter als er, aber gerade deswegen hatte er sich bald eng an sie angeschlossen. Ihr mütterliches Wesen und die meisterhafte Art ihres Spiels hatten sein wundes Herz getröstet. Auch liebte er die Atmosphäre ihres Hauses, in dem eine rotwangige Mutter und ein weißbärtiger Vater wie

Erzengel über das Wohl und Wehe ihrer geliebten Tochter wachten.

Wenn er sich dem weißen Haus am Berghang näherte, dann wandelte der Vater würdig zwischen den Rosenstöcken umher oder trat ihm mit einer Imkerhaube entgegen; er war stolz auf den Honig aus eigener Herstellung.

Bald saß er dann am ebenholzschwarzen Flügel an der Seite seiner Lehrerin und lauschte dem Goldklang der Töne. Oder er ließ selbst die durch das Hörnerspiel geübten Finger über die Elfenbeintasten gleiten, und bald hatte er die Freude, schon in schwierigere Gefilde der Musik vordringen zu können.

Sein Lieblingsstück war und blieb das Adagio aus der Pathétique von Ludwig van Beethoven.

Wenn Claudia, die Lehrerin, die nicht nur mit ihrem Namen, sondern auch mit dem dunklen, schweren Haarknoten einer edlen Römerin glich, im Spiel dieses ergreifende und herzbewegende Gebet eines Einsamen erklingen ließ, so war ihm wie einem Wanderer zumute, der unter dem grüngoldenen Dach mächtiger Buchen dahinschritt, vom Lichte der Morgensonne durchfunkelt. Er hörte die Wälder der Heimat wie eine Orgel rauschen, er sah die Bussarde und Milane über den blauen Seen kreisen, er atmete den harzigen Duft der Kiefern und Tannen und sah die mädchenhaften Birken sich im Winde wiegen.

Eine tiefe Ruhe erfüllte sein Herz, er schloss die Augen und war glücklich.

Aus diesem Gefühl heraus, das die Lehrerin Claudia wohl zu lenken verstand, hatte sich schnell eine tiefe Zuneigung entwickelt. Bald saßen hier nicht Lehrerin und Schüler, sondern zwei Geschwister vor dem Altar der Musik, die sich in gleichem Fühlen und Denken verbunden glaubten.

Die ehrwürdigen Eltern beobachteten teils mit Freude, teils mit Sorge die nicht geheim bleibende Sympathie zwischen ihrer Tochter und dem jungen Theologen. War doch Claudia fast fünfzehn Jahre älter als Johannes und an eine Verbindung beider daher kaum zu denken.

Die Wellen des Flusses glitten träge dahin. Der Abend senkte sich über die braunweißen Fachwerkbauten der Stadt mit ihren Winkeln, Türmen und Mäuerchen. Der Klang der Glocken war verstummt. Der Abendstern blitzte.

Johannes wandte sich heimwärts und kehrte in seine Studierstube zurück. Bald saß er wieder am Schreibtisch. Die grüne Tischlampe warf ein mildes Licht über die weißen Blätter des sauber getippten Manuskriptes für die morgige Predigt, während die Gaslaterne vor dem altertümlichen Haus still durch die Butzenscheiben leuchtete, als wollte auch sie ihr Teil zum Gelingen der ersten Predigt des jungen Studenten beitragen.

Es saßen nicht viele Menschen im braunen Gestühl der Universitätskirche, als Johannes am nächsten Morgen die Stufen zur Kanzel hinaufstieg. Doch als er von oben auf das Kirchenschiff hinuntersah, erblickte er freudigen Herzens Claudia mit ihren Eltern. Da fiel alle Befangenheit von ihm ab.

Er sprach über die uralten und ewig jungen Worte des Korintherbriefes – so freudig und herzbewegend, dass die Zuhörer ergriffen waren von der Gewalt der Worte, die dieser junge Prediger sein eigen nannte.

Nach dem Gottesdienst war er Gast im Hause Claudias. Er nahm das Lob des weißbärtigen Erzvaters errötend entgegen und ließ sich die herzhafte Küche der rotwangigen Mutter wohl bekommen.

Nach Tisch gingen Claudia und er ins Musikzimmer, während sich die Eltern zurückzogen. Johannes setzte sich in einen der alten Ledersessel und lauschte Claudias Spiel. Wieder war es das Adagio aus der Pathétique, und wieder sah er das Bild der Heimat vor sich. Aber das Bild Gittas war nun verblasst, und Claudia war an ihre Stelle getreten.

Er musste an Anselm Feuerbachs „Iphigenie" denken, die weiße Gestalt am Ufer des Mittelmeers sitzend, einen Kranz bleicher Perlen im schwarzen Haar, das Land der Griechen mit der Seele suchend.

Und als Claudia nach beendetem Spiel die Augen schloss und, die weißen Hände im Schoß, in sich versunken vorm Flügel sitzen blieb, da trat er leise neben sie und küsste sie auf die Stirn.

Claudia blickte erschrocken auf. „Was tun Sie da, Johannes?", flüsterte sie.

„Ich liebe Sie", antwortete er.

„Aber ich bin doch so viele Jahre älter", erwiderte Claudia, während ihre dunklen Augen sich mit Tränen füllten. „Es darf nicht sein."

Johannes legte den Arm um ihre Schulter. „Ich weiß, dass Sie älter sind, Claudia, aber ich suche nicht das Glück, wie es andre junge Menschen vielleicht suchen. Ich denke, dass unsere Seelen sich verstehen, und das mag genügen. Ich habe eine tiefe Enttäuschung zu verwinden und suche nur noch Frieden. Und ich glaube, dass ich es in diesem weißen Haus am Berge, in der Welt der Rosen und der Musik, finden werde. Wollen Sie mir dabei helfen, Claudia?"

Claudia lehnte sich an ihn.

„Ach, Johannes, wenn Sie wüssten, wie ich mich nach einem Menschen sehne, der mich versteht. Ich komme mir vor wie Dornröschen in einem Märchenschloss. Ich bin von Rosen umsponnen. Fernhin rauscht die Welt vorbei. Meine guten Eltern halten alles Böse und Fremde von mir ab. Aber dennoch bin ich nicht glücklich und warte auf den Prinzen, der mich erlöst. Sind Sie der Prinz, Johannes? Ach wie gerne möchte ich es glauben!"

„Wir wollen uns prüfen", sagte Johannes. „Die Zeit wird es lehren."

Die Verlobung von Johannes und Claudia wurde wenige Wochen später bekannt gemacht. Die meisten Leute schüttelten den Kopf und munkelten, dass die Sache kein gutes Ende nehmen könne. Nein, der

Altersunterschied sei doch zu groß. Sollten sie Recht behalten?

Claudia und Johannes glaubten es nicht. Sie saßen vorm Konzertflügel und spielten vierhändig, sie wanderten durch die winkligen Gässchen der alten Stadt und die Wälder der Umgebung. Sie rasteten am Ufer des Flusses und in den alten Wirtshäusern auf den Höhen. Sie sprachen mehr von Beethoven und Bach als von Liebe, und die Verse Hölderlins an seine Diotima waren ihre ständigen Begleiter.

Johannes hatte sein erstes theologisches Examen bestanden und predigte nun des öfteren als Vikar in der Universitätskirche. Oft vertrat er auch einen Pfarrer in einer Dorfgemeinde der näheren Umgebung. Dann begleitete Claudia den Gottesdienst mit ihrem Orgelspiel, während der junge Theologe gewaltige Worte von den Dorfkanzeln schleuderte, ganz ein neuer Luther und Reformator.

Die Bauern hoben erstaunt die Köpfe und nickten bedächtig. Solch' gewaltige Worte pflegten sie von ihren lebenserfahrenen Pfarrern nicht zu hören. Die wussten, dass eine gute Predigt nicht nur wie ein Sturm in die Herzen fahren soll, sondern auch trösten und aufrichten wie ein sanfter Regen über durstigem Land.

Aber Claudia hing mit glänzenden Augen an den Lippen des jungen Meisters, und so verlebten beide im Widerstreit und Einklang von Wort und Musik ihre vermeintliche Liebe.

Die Hochzeit war auf den Jahresanfang festgesetzt. Sie sollte im weißen Haus am Berge stattfinden. Der bärtige Erzvater schritt nun noch aufrechter zwischen seinen Rosenstöcken umher, freute sich auf die zahlreich zu erwartenden Enkelkinder.

Die rotwangige Mutter werkte in Küche und Keller und zählte die duftende Reihe rötlicher Speckseiten, mit denen sich die Hochzeitsgäste laben sollten. Roter Johannisbeerwein war auf langhalsige Flaschen gezogen worden und stand im Keller bereit.

Der Hochzeitstag kam.

Es war ein kalter Januarmorgen. Schneeflocken wirbelten weiß über die roten Dächer der Stadt. Der goldene Wetterhahn auf der Universitätskirche drehte sich knarrend im scharfen Ostwind. Die Straßen waren leer.

Im weißen Haus am Berge hatte sich die Hochzeitsgesellschaft versammelt. Die Braut saß mit Myrthe und Schleier vorm Spiegel und traf die letzten Zurichtungen an ihrem Kleid. Die Brauteltern plauderten froh gelaunt im Kreise der Hochzeitsgesellschaft und harrten der Dinge, die da kommen sollten. Nur der Bräutigam, im schwarzen Rock des Theologen, schien merkwürdig aufgeregt und verstört. Seine Wangen waren bleich, und die schwarzen Locken hingen müde in das übernächtigte Gesicht. Was war geschehen?

Tags zuvor hatte er einen Brief von Gitta, der längst Verlorengeglaubten, erhalten, in dem sie Johannes ihre unsterbliche Liebe versicherte.

Nun war das Herz des jungen Theologen verständlicherweise in hellem Aufruhr. Gittas liebliche Gestalt war in der Nacht durch seine Träume gegeistert. Er meinte, den blühenden Kirschbaum im Garten des alten Pfarrhauses vor sich zu sehen. Er sah den Storch auf dem Dach der Fachwerkscheune und hörte das Schwatzen des Stares. Hörnerklang widerhallte in seinem aufgewühlten Gemüt und ließ ihn nicht zur Ruhe kommen.

Ängstlich betrachtete er die Hochzeitsgesellschaft, die würdigen Erzeltern und die weiß geschmückte Braut. Er fragte sich verwirrt, ob eine Seelenverwandtschaft ausreichend sei für das schwere Joch einer Ehe. Der Altersunterschied, der ihn zuvor in keiner Weise gestört hatte, schien ihm nun doch sehr bedenklich. Wollte er nicht als neuer Reformator die Welt beglücken? Passte zu diesem Vorsatz die bürgerliche Atmosphäre dieses Hauses, in dem er sicherlich nicht viel zu sagen haben würde? Konnte er auch materiell den Ansprüchen gerecht werden, die durch eine Eheschließung an ihn herangetragen würden?

Gewiss, alles dies waren Fragen, die er sich längst hätte überlegen sollen. Aber es war nun einmal nicht geschehen. Siedend heiß fuhr es ihm durchs Gemüt: Es war ja noch nicht zu spät! Noch konnte er der schweren Bürde entfliehen. Aber wie?

Und nun tat Johannes das Schlimmste, was er tun konnte. Unter dem Vorwand, noch Blumen holen zu müssen, verließ er ohne Mantel und Hut das weiße

Haus am Berge und begab sich in klirrender Kälte zum weit entfernt liegenden Bahnhof. Dort bestieg er den erstbesten Zug, der ihn in die winterliche Ferne entführte.

Es war am Abend dieses Tages. Ich war damals als Journalist tätig und saß zu Haus über einem schwierigen Manuskript. Da klingelte das Telefon. Ich hob den Hörer ab und vernahm die Stimme meines Bruders Johannes, von dem ich nicht einmal wusste, dass er an diesem Tage die Ehe eingehen wollte. Aus einer merkwürdigen Regung heraus, die mir später gar nicht mehr so merkwürdig erschien, hatte Johannes seiner eigenen Familie gegenüber zwar sein Verlöbnis mitgeteilt, aber den Tag der Eheschließung verschwiegen.

Als ich Johannes am Telefon fragte, wo er sei, erwiderte er zu meinem Erstaunen, dass er sich ganz in meiner Nähe befinde und in zehn Minuten bei mir eintreffen würde. Ich wunderte mich darüber, da ich ihn noch in seiner weit entfernt liegenden Universitätsstadt wähnte. Er hatte nichts davon gesagt, dass er mich besuchen wollte.

Zehn Minuten später war Johannes da. Er sah erbarmungswürdig aus. Sein dunkles Festgewand hatte nicht verhindern können, dass die klirrende Winterkälte rote Rosen auf seine Wangen gezaubert hatte. Seine halberfrorenen Hände erlitten, kaum dass er in die Wärme meines Hauses eingetreten war, was wir in meiner Heimat mit „Knieper" (Kneifer) zu bezeichnen pflegten. Die Hände taten schrecklich weh.

Erstaunt fragte ich ihn, warum er denn ohne Mantel und Handschuhe eine so weite Reise unternommen habe … und warum er diesen schwarzen Rock trage …

Da kam die ganze Geschichte heraus.

Entsetzt beschwor ich ihn, sofort zum Tatort zurückzukehren und das Geschehene in irgendeiner Form, sei es auch nur durch eine mutige Aussprache, wieder in Ordnung zu bringen. Aber der vor Frost und innerer Erregung zitternde Theologe war durch nichts zu bewegen, an den Ausgangspunkt seiner schmählichen Flucht zurückzukehren. Er bat mich inständig, dies als der ältere Bruder für ihn zu tun.

Schweren Herzens erinnerte ich mich meiner Pflicht als stellvertretendes Familienoberhaupt und begab mich zur Bahn – ebenso schweren Herzens wie der Flüchtling, jedoch mit Mantel und Handschuhen.

Es war Abend, als ich in der Universitätsstadt eintraf und den Weg zum weißen Haus am Berge einschlug. Und es war dunkel, als ich an der Tür läutete.

Ersparen Sie mir, liebe Leserin, lieber Leser, die Schilderung der schweren Stunden, die ich nun durchleben musste. Am stärksten bewegte mich hierbei, dass mich kein Wort des Vorwurfs empfing – weder seitens der Eltern noch von der bleichen Claudia.

Der Mutter standen die Tränen in den Augen und der erschütterte Vater strählte gewaltig den weißen

Bart. Tochter Claudia machte noch den gefasstesten Eindruck und sagte, sie sei ja selber schuld an diesem Verhängnis gewesen. Sie hätte sich von Anfang an sagen müssen, dass der Altersunterschied viel zu groß sei.

Ich fand eine salomonische Lösung, indem ich Claudia sofort eine Konzertreise ins Ausland vermittelte, damit die bösen Mäuler gestopft würden und sie selbst auf andere Gedanken kam.

Wenige Monate später führte Johannes seine Gitta vor den Traualtar, und heute sind sie ein mit Kindern gesegnetes, zufriedenes Paar.

Es ist mir natürlich streng verboten, auch nur die geringste Andeutung über die missglückte Verlobungsgeschichte meines Bruders Johannes zu machen, was hiermit geschehen ist.

Es lebe die Wissenschaft

Maria hatte Orgelstunde. Schwitzend trat der lange Eberhard die Bälge, und Meister Grunmach folgte aufmerksam dem Spiel ihrer schlanken weißen Hände.

Die Bässe brummten, und darüber jubilierten die hellen Flötentöne der Viola da Gamba.

Eberhard folgte zu jener Zeit Maria wie ein Hündchen auf Schritt und Tritt. Besser gesagt: wie ein ausgewachsener Neufundländer, denn Eberhard erreichte die stattliche Grösse von 1,90 Meter – zu Mutters grosser Freude, die – wie ich schon einmal erzählte – die Qualität eines Menschen an seiner Länge zu messen pflegte.

Ich weiß es nicht, ob Maria Eberhard untreu geworden ist oder umgekehrt. Auch die gemeinsame Tanzstunde konnte jedenfalls nicht verhindern, dass diese Freundschaft im Sande verlief. Vielleicht ist aber auch ein Erlebnis schuld, das die beiden miteinander hatten.

Eberhard und Maria hatten ein Lokal besucht, in dem auch getanzt wurde. Bei einem gewaltigen Tangoschritt stieß Eberhard nun das Glas eines Herrn am Nebentisch um, wobei sich der köstliche rote Wein über das Elfenbeinkleid der Begleiterin ergoss.

Der dicke Herr verlangte von Eberhard empört Schadensersatz – und erhielt ihn auch. Später stellte sich jedoch heraus, dass Eberhard dem Herrn versehentlich ein altes Fünfmarkstück gegeben hatte, das schon lange ungültig war. Seitdem schlugen Eberhard und Maria einen großen Bogen um dieses Lokal, aber aus irgendeinem Grund hatte der Vorfall auch ihre Beziehung abgekühlt.

Als Maria dann mit „Gut" ihre Reifeprüfung bestanden hatte, übersiedelte sie nach Berlin, wo sie wegen ihrer hervorragenden Mathematikkenntnisse eine gut bezahlte Stellung fand.

Ihre Mathematikkenntnisse waren es schließlich auch, die ihr die Zuneigung ihres verehrten Chefs einbrachte, der nicht viel älter war als Maria selbst. Heute ist Hannes Ordinarius einer bekannten Hochschule und wird von Maria umsorgt und behütet wie ein Gänseküken.

Marias Liebe entsprang wohl zunächst ihrer Mütterlichkeit. Der junge Wissenschaftler litt an einem Leiden, das ich meinem ärgsten Feinde nicht wünschen möchte, nämlich an Heuschnupfen. Jedes Jahr zur Blütezeit der Gräser und Bäume, wenn andere Menschen sich in der Natur ergehen, musste Schwager Hannes sich mit verquollenen Augen und entzündeten Schleimhäuten in ein verdunkeltes Zimmer zurückziehen, wo er bis zur Beendigung der Blütezeit unsichtbar blieb.

Maria, die Mütterliche, war tief bewegt vom tragischen Geschick des jungen Wissenschaftlers und versorgte ihn in der Zeit der unfreiwilligen Klausur mit Speis und Trank. Aus dieser Samaritertätigkeit entwickelte sich eine reservierte Freundschaft, die der Zurückhaltung beider Naturen entsprach.

Vierzehn Tage fuhren die beiden, ohne dass jemand im Institut etwas wusste, durch Franken, standen feuchten Auges vor dem Bamberger Reiter (der Chronist nimmt an, dass es Ergriffenheit und nicht Heuschnupfen war, die Hannes' Augen tränen ließ) und erkletterten fröhlichen Herzens den Staffelstein.

In Marias Tagebuch, das sie mir nur widerwillig überlassen hat, heißt es darüber: „Sie hatten Recht, mein lieber Hannes, dass nun für alle Tage Sonntag sein würde. Hören Sie noch das Glockengeläut, das ein leichter Abendwind uns zutrug? Wie wohl tat uns dieser Wind auf jenem Felsvorsprung da droben! Wie unendlich schön und groß lag die Welt zu unseren Füßen! Wie blitzte der Fluss, von Weiden und Pappeln umsäumt! Wie strotzte das fruchtbare Land von Reben, Obstbäumen und goldbraunem Weizen! Wie klang es in unseren Herzen: ‚Du weite, stromdurchglänzte Au, ich wollt', mir wüchsen Flügel!'"

Die vierzehn Tage der Reise gingen im Fluge vorüber. Aber als man sich trennte, siezte man sich noch immer, und die beiden würden sich wahrscheinlich heute noch siezen, wenn nicht der zweite Weltkrieg ausgebrochen wäre.

Die befehlsgewohnte Maria war damals Bereitschaftsführerin im „Roten Kreuz", und als der Mobilmachungstag kam, erhielt nicht der Wissenschaftler Hannes, sondern die Sanitätsführerin Maria einen Gestellungsbefehl.

Keines Wortes mächtig und totenblass geleitete Hannes die Soldatin Maria zur Bahn. Sprachlos lud er ihren Tornister ins Gepäcknetz, dann standen beide vor dem Zug und sahen sich an.

Plötzlich, es war nicht einmal Heuschnupfenzeit, stieg dem gelehrten Herrn das Wasser in die Augen. Er fiel Maria um den Hals und gestand ihr seine Liebe.

Drei Tage später war Maria wieder zu Hause. Man hatte sie wegen ihrer Rechenkünste für unabkömmlich erklärt und aus dem Felde zurückberufen. Ob Schwager Hannes da seine Hand im Spiel hatte?

Bald darauf heiratete das gelehrte Paar, und wenige Jahre später begannen vier Töchter das Einmaleins der Rechenkünste zu erlernen.

Die Hochzeitsreise führte nach Österreich, dem Land der Berge und Seen.

Sind Sie schon mal in der Mozartstadt Salzburg gewesen, der fürstbischöflichen Residenz mit dem mächtigen Schloss und der weltberühmten Orgel?

Maria war es vergönnt, hier die Orgel zu spielen, und der Eindruck, den sie hinterließ, muss nicht gering gewesen sein, denn in ihrem Tagebuch heißt es, von Hannes' Hand geschrieben:

„Bezaubert in Salzburg
einen frommen Pater,
Maria, Maria, weiß das Dein Vater?"

Hatte ich Ihnen schon gesagt, dass das junge Paar mit dem Fahrrad unterwegs war? Bis Salzburg war man mit der Bahn gefahren, dann hatten sich Maria und Hannes auf die Räder geschwungen, und in zügiger Fahrt sausten die beiden durch Feld und Wald nach St. Gilgen am Wolfgangsee. Dort wurde übernachtet, und weiter ging es über Strobl in Richtung Bad Ischl.

Auf dieser Fahrt kam es zu einem Rennen zwischen den ehrgeizigen jungen Wissenschaftlern, das einen unvorhergesehenen Ausgang nahm. In Bad Ischl teilt sich nämlich die Straße in zwei Richtungen. Die eine führt nach Gmunden am Traunsee, die andere nach Aussee in der Nähe des Grundlsees.

Hannes hatte in tollkühner Fahrt einen gewaltigen Vorsprung vor seiner Maria herausgeradelt. Er passierte in sausender Fahrt Bad Ischl und fuhr weiter in Richtung Aussee.

Maria hatte in Ischl kurz gehalten und war dann weitergefahren in Richtung Gmunden. In Mitter-Weissenbach fragte sie Ortseinwohner, ob hier ein langaufgeschossener Radfahrer mit hellem Haupthaar und grünem Rucksack durchgekommen sei. Als die Ortseinwohner verneinten, fuhr Maria wieder zurück nach Bad Ischl und von dort weiter in Richtung Aussee.

Inzwischen war aber Hannes, als er nichts von seiner Maria mehr sah, wieder umgekehrt und über Bad Ischl in Richtung Strobl gefahren.

Als er in Strobl nichts über den Verbleib der von

ihm beschriebenen Radfahrerin erfahren konnte, glaubte er, dass vielleicht ein Unfall passiert sei. So hockte er sich an den Wegrand und fragte alle Vorüberkommenden nach Marias Verbleib. Aber keiner konnte ihm etwas Tröstliches sagen. Im Gegenteil, manche Leute beschimpften ihn noch und sagten, eine Frau könne man doch nicht so einfach verlieren wie ein Fünfmarkstück.

Als es Abend wurde, und die Dämmerung hereinbrach, überfiel Hannes tiefe Verzweiflung. Im Geiste sah er Maria zerschmettert in einem tiefen Abgrund, ein blutiges Edelweiß in den verkrampften Händen. Dann wieder sah er sie in den Bergen umherirren, laut weinend nach ihrem Beschützer rufend. Verzweifelt benachrichtigte er die Bergwacht, die mit Fackeln aufbrach, um die Vermisste zu suchen.

Maria lag derweil im Schlafsaal eines kleinen Gasthauses im hochgetürmten Bauernbett, wo sie Nachtquartier gefunden hatte, und schluchzte herzzerbrechend. Denn sie war ihrerseits der Ansicht, dass ihr geliebter und so weltunerfahrener Hannes sicherlich verunglückt sei.

Unter diesen Umständen blieb die Suche der Bergwacht selbstverständlich ergebnislos, und am Morgen meldete sich ein völlig verzweifelter Wissenschaftler bei der örtlichen Polizeibehörde, wo er eine Vermisstenmeldung aufgeben wollte.

Der Zufall wollte es, dass bald darauf auch Maria bei der gleichen Polizeistelle erschien, um ebenfalls eine Vermisstenmeldung aufzugeben. Weinend sanken sich die Liebenden in die Arme, und die Polizeigewaltigen schneuzten sich gewaltig die Kaiser-Franz-Josef-Bärte.

Die Weiterfahrt des jungen Paares gestaltete sich zu einem Triumphzug ohnegleichen. Überall standen die Einheimischen am Wege und jubelten den Glücklichvereinten zu.

„Sie haben sich wieder, sie haben sich wieder", scholl es von Berg zu Tal, und es fehlte nicht viel, dass man Freudenfeuer entfacht hätte.

Nach dem Krieg besuchte ich Maria in Norddeutschland, wo sie in einem oldenburgischen Pfarrhaus Zuflucht gefunden hatte. Dieses Pfarrhaus war insofern bemerkenswert, als dort eine Pfarrerin amtierte.

Die Pfarrerin hieß Lotte und trug den Namen eines berühmten Liederdichters der evangelischen Kirche. Ihr Mann war gefallen, und da sie früher ihre theologischen Examen abgelegt hatte, erwirkte sie sich kurzerhand die Erlaubnis, die Pfarrstelle ihres Mannes zu verwalten.

In Wind und Regen, bei Sonne und Sturm war nun die tapfere Pfarrfrau – und Mutter sechs prächtiger Kinder – mit dem Fahrrad unterwegs, um die weiträumige Gemeinde zu betreuen. Sonntag für Sonntag stand sie auf der Kanzel, um das Evangelium zu verkünden, und ich glaube, keiner konnte es besser als sie.

Maria betreute derweil Lottes und ihre eigenen Kinder und führte die Wirtschaft.

Lottes Kinder waren genauso musikalisch wie Marias, und so können Sie sich denken, wie fröhlich es in dem Haus zuging. Wie eine Insel lag es, von vielhundertjährigen Eichen beschützt, zwischen grünen Wiesen und Koppeln eingebettet.

Als ich das erste Mal zu Maria reiste, befand sich im Zug ein krankes Kind, das hochfiebernd von seiner Mutter im Arm gehalten wurde. Da ich mich, durch Vaters Beispiel beflügelt, schon immer für die Medizin interessiert hatte, zog ich eine Schachtel erprobter Fiebertabletten aus der Tasche und verabreichte zwei davon dem Kind. Die Wirkung war erstaunlich, denn nach einer Stunde war es fieberfrei und spielte vergnügt zu Füßen der Mutter.

Als ich ausstieg, stieg zufällig auch die Mutter mit dem Kind aus und verkündete nun überall im Dorf den Ruhm des „Herrn Doktor". Denn ihr war klar, dass ich nur ein ganz berühmter Arzt sein konnte.

Verwirrt reagierten die Dorfbewohner aber, als ich dann auf einmal Konfirmandenstunde erteilen musste. Lotte hatte nämlich nach Bremen fahren müssen und mich gebeten, sie in der Konfirmandenstunde zu vertreten. Natürlich sollte ich keine *richtige* Konfirmandenstunde abhalten, sondern den Konfirmanden etwas aus der deutschen Literatur erzählen oder vorlesen.

Nun, ich trug ihnen Schillers „Glocke" vor, die ich zu meinem Leidwesen in der Schule hatte auswendig lernen müssen – und erntete stürmischen Beifall.

Die Folge war jedoch, dass ich künftig von der einen Hälfte des Dorfes mit „Herr Doktor" tituliert wurde und von der anderen mit „Herr Pfarrer".

Tatsächlich bin ich, wie meine Leser vielleicht wissen, Jurist. Aber man sagt ja, dass ein Jurist jeder Lebenslage gewachsen sein muss, was ich meines Erachtens hiermit unter Beweis gestellt habe.

Unvergesslich schön waren die Musikabende in dem stillen Haus an der Jade. Marias und Lottes Kinder sangen mehrstimmig die alten Volkslieder, von Geigen und Flöten begleitet, und ich kam mir manchmal vor, als sei ich heimgekehrt ins Elternhaus.

Vor wenigen Tagen war ich zu Besuch in Marias jetzigem Häuschen. Schwager Hannes kam mir würdevoll entgegen, die Nase gerötet und die Augen verquollen, woraus Sie die Jahreszeit erkennen können.

Maria wachte wie eh und je unerbittlich über das Wohl und Wehe ihres geliebten Hannes und der vier Sprösslinge.

Hannes, der hochgelehrte und vielbeschäftigte Wissenschaftler, hatte sich eine Polstertür vor sein Studierzimmer machen lassen, um sich ganz und gar seiner bedeutungsvollen Arbeit hingeben zu können. Niemand durfte stören.

Ich habe ihn dennoch gestört. Und die Menschheit wird es mir verzeihen, wenn ich berichte, was ich sah. Als ich leise und vorsichtig die Polstertür öffnete, lag Schwager Hannes, ein Tempotaschentuch in der feingliedrigen Hand, auf dem Kanapee, hingebungsvoll in die Lektüre eines Kriminalromanes vertieft. Ich musste einen heiligen Eid schwören, dass ich niemandem von dieser Missetat berichten würde.

Als Hannes von meinem Vorhaben erfuhr, ein neues Orgelpfeifenbuch zu schreiben, hob er flehentlich die Hände und bat: „Mach es gnädig, oh Schwager!"

Bist du zufrieden, lieber Hannes?

Die Katze im Sack

Georg und ich sind Zwillinge – an zwölf Tagen im Jahr! Ich hatte noch nicht mein erstes Lebensjahr vollendet, da kam er schon auf die Welt. Im Familienkreis wurde stets erzählt, dass er bei der Geburt pechschwarz gewesen sein soll.

Georg erschien zwei Monate zu früh, gerade am Tag des Missionsfestes, was Mutter und Vater natürlich überhaupt nicht passte. Als das Neugeborene nun auch noch eine ziemlich dunkle Haut- und Haarfärbung zeigte, waren alle davon überzeugt, dass die intensive Fürsorge Mutters für die armen Heiden Afrikas in der Zeit kurz vor der Geburt etwas mit diesem Naturwunder zu tun hatte …

Die dunkle Hauttönung und Haarfarbe verloren sich bald, und aus Georg wurde ein hübscher, blonder blauäugiger Junge, dem die Mädchenherzen zwischen sieben und siebzig nur so zuflogen.

In der Schule war er stinkfaul und wurde nur versetzt, weil er so nett war. Beim strahlenden Blick der treuherzigen Augen schmolz das Herz seiner Lehrer wie Schnee in der Märzsonne. Als Georg älter wurde, schmolzen genauso die Herzen der Mädchen vor dem leuchtenden Blick der blauen Augen. Welch ein Glück, dass er es nicht immer merkte!

Seine erste Liebe habe ich ihm ausgespannt, was er mir sehr übel nahm. Und das kam so: Vornehme Bekannte unserer Eltern gaben einen Tanzabend, zu dem wir Geschwister eingeladen waren. Lotti, die liebreizende Tochter des Hauses, war Georgs „Flamme" und schwebte selig mit ihm im Walzertakt übers Parkett. Sie gefiel mir über die Maßen, und ich forderte sie zum Tango auf, in dem ich Meister war.

Als Mitglied einer berühmten Fürstenschule umschwebte mich der Mythos des Fremdartigen, und so fiel es mir nicht schwer, Lottis Herz in Verwirrung zu bringen. Bevor es Mitternacht geschlagen hatte, war ihr wankelmütiges Herz dem feurigen Angriff des prominenten Fürstenschülers erlegen. Wir verabredeten ein Rendezvous für den nächsten Morgen.

Düster hatte Georg meine schändlichen Bemühungen zur Kenntnis genommen. Auf dem Heimweg sprach er kein Wort mit mir.

Doch die böse Tat, sprich das Rendezvous, kam gar nicht zustande. Denn der Herzensbrecher Christian … nun, er verschlief das Rendezvous am Waldsee. Und wenn Lotti nicht gestorben ist, so steht sie heute noch da.

Georg hielt sich schadlos, indem er bald darauf mir eine „Flamme" ausspannte. Und das war mir gar nicht angenehm! So ist das unter Geschwistern.

Unwiderstehlich für Mädchenherzen wurde Georg, als er die Schulbank verließ und den Beruf eines Flugzeugführers ergriff. Der ganze Ort geriet in helle Aufregung, als eines Tages ein Sportflugzeug im Tiefflug über dem Rosenhaus kreiste, sodass die Hühner vor Schreck doppelt legten.

Doch die gefährliche Freude des Fliegens währte nur kurze Zeit. Ein halbes Jahr nach Beginn seiner fliegerischen Ausbildung stürzte Georg ab, wobei tragischerweise sein bester Freund und Begleiter das Leben verlor.

Nachdem Georg fast ein Jahr in einem fremden Krankenhaus in Gips gelegen hatte, holte Vater ihn heim und übergab ihn dem Chefarzt des Krankenhauses in unserer Provinzhauptstadt, der als Jagdflieger im ersten Weltkrieg selbst siebenmal abgeschossen worden war.

Dieser zog ihm Silberdraht in die Knie, wodurch Georg erheblich an Wert gewann, und marterte ihn nach allen Regeln der ärztlichen Wissenschaft. Der Erfolg blieb nicht aus. Bald humpelte Georg in seiner feschen Fliegeruniform auf Krücken durch das Städtchen, und alle Leute blieben stehen, um das Naturwunder (denn damals war ein abgestürzter Flieger noch ein Naturwunder) in Augenschein zu nehmen, vor allem die Weiblichkeit.

Damals tobte gerade der spanische Bürgerkrieg, und die Abenteuer der „Legion Condor" bewegten die Gemüter. Georg hatte sich ein Radio in sein Krankenzimmer stellen lassen und verfolgte mit dem flugbegeisterten Chefarzt allabendlich die Nachrichten vom spanischen Kriegsschauplatz.

Eines Tages oder vielmehr Abends kam der Chefarzt nicht zur gewohnten Stunde in Georgs Zimmer. Er war durch eine Operation aufgehalten worden, und es war schon bald Mitternacht, als er noch schnell einen Blick in Georgs Zimmer werfen wollte. Aber wer beschreibt sei Erstaunen? Das Krankenzimmer war leer, nur das weit geöffnete Fenster deutete den Fluchtweg des Patienten an.

Gelassen nahm der erfahrene Chirurg und Menschenkenner im Krankenstuhl Platz und harrte der Dinge, die da kommen sollten.

Sie kamen bald.

Gegen ein Uhr erhob sich draußen vor dem Fenster unterdrücktes Lachen und lebhaftes Flüstern. Eine Hand schob sich über das Fensterbord, Kopf und Oberkörper des kühnen Fliegers folgten, und dann schob sich, von zwei Krankenschwestern hinterrücks unterstützt, die in Gips gehüllte südliche Hälfte des Patienten ins Zimmer.

Der Chefarzt ließ es sich nicht nehmen, dem Deserteur schnurstracks mit seinem Krückstock eins über das vergipste Hinterteil zu ziehen, was natürlich infolge der Härte des Gipses nur als Überraschungserfolg gewertet werden konnte.

Daran konnte auch der Rosenstrauß, der von zarter Hand ins Zimmer geschleudert wurde, nichts mehr ändern. Wer dabei mehr erglühte: die purpurnen Rosen oder die purpurnen Wangen der ertappten Krankenschwestern, sei dahingestellt!

Die Leidenszeit für Georg ging schnell vorbei. Bald schwang er sich wieder wie ein Adler in die Lüfte, soweit er nicht auf der Erde damit beschäftigt war, die Mädchenherzen der kleinen Garnisonsstadt zu brechen. (Inzwischen war er nämlich Militärflieger geworden.)

Ich hab mich gewissenhaft davon überzeugt, als ich ihn einmal dort besuchte. Ich war die Nacht durchgefahren, um in den Morgenstunden bei Georg einzutreffen. Der Posten am Kasernentor salutierte, als ich den Oberleutnant Georg Ryke zu sprechen wünschte, und Hochachtung spiegelte sich auf seinen Zügen, als ich mich als Bruder zu erkennen gab. Er grinste allerdings ziemlich unverschämt und meinte, wahrscheinlich würde ich den Herrn Oberleutnant noch im Bett antreffen, denn gestern Abend sei eine zünftige Kasinofeier gewesen.

Auf alles gefasst, betrat ich Georgs Appartement. Das Wohnzimmer war verschlossen. Ratlos stand ich vor der Tür und überlegte, wo mein Bruder sein könne. Im Badezimmer rauschte gedämpft ein Wasserhahn. Vorsichtig klopfte ich an die Tür. Keine Antwort. Ich drückte die Klinke herunter und öffnete. Und meinen erstaunten Augen bot sich folgendes Bild: In der randvollen Badewanne lag der splitternackte Oberleutnant Georg Ryke und schlief. Der Wasserhahn lief, jedoch der sogenannte Überläufer tat eifrig seine Pflicht, sonst wäre der kühne Flieger wohl längst den Seemannstod gestorben.

Nachdem es mir – nach vielen vergeblichen Bemühungen – gelungen war, den unfreiwilligen Kneippianer in die Wirklichkeit zurückzurufen, stellte sich heraus, dass Georg bereits seit Stunden in der Badewanne ruhte. Er hatte, von der Feier kommend, den Schlüssel zu seinem Wohnzimmer nicht gefunden, sich kurzerhand in die Wanne gelegt, den Wasserhahn aufgedreht und war dann eingeschlafen.

Wir wechselten die Plätze, und bald darauf saßen wir gut gereinigt am Frühstückstisch. Dabei hatte ich Gelegenheit, die technischen Errungenschaften zu bewundern, die ausschließlich der Bequemlichkeit des Herrn Oberleutnants dienten.

Da war ein geräuscharmer Wecker, der sich nach wenigen Sekunden automatisch wieder ausschaltete. Da war eine Vorrichtung, die um sieben Uhr früh das Radio einschaltete und gleichzeitig die elektrische Kochplatte, auf der ein Topf Wasser für den Frühstückskaffee vorbereitet war. Da war weiterhin eine Vorrichtung, die automatisch um sieben Uhr zehn das Licht einschaltete, und es fehlte nur noch die gebratene Taube, die dem Herrn Oberleutnant um sieben Uhr dreißig in das weitgeöffnete und grunzende Schnarchlaute von sich gebende Maul geflogen wäre.

Doch zurück zu den Mädchenherzen!

Georgs linke Wange zeigte gegenüber der rechten eine deutliche Färbung ins Rötliche. Auf Nachfrage gestand er mir verlegen ein keineswegs heldenhaftes Erlebnis am Vortag.

Georg hatte einen Kameraden zum Bahnhof der kleinen Garnisonsstadt gebracht. Auf dem Bahnsteig war eine nach seinen Angaben bildhübsche junge Frau spaziert. Georg und sein Kamerad hatten ihr bewundernd nachgeblickt.

Da ritt Georgs Kamerad der Teufel und er bot ihm fünf echte deutsche Reichsmark, wenn er dieser Dame in aller Öffentlichkeit einen Kuss geben würde.

Der Herzensbrecher Georg ließ sich das nicht zweimal sagen, marschierte auf die Dame zu, sagte wohlerzogen: „Gestatten Sie" und drückte der Überraschten einen herzhaften Kuss auf den Mund.

Eine tausendstel Sekunde später brannte eine schallende Ohrfeige auf seiner schmerzhaft zusammenzuckenden Gesichtshälfte. Damit schien die Affäre für die verdutzte junge Dame abgetan.

Nicht aber für Georg. Kavalier vom Scheitel bis zur Sohle kaufte er stehenden Fußes einen großen Strauß dunkelroter Rosen, genau die Farbe seiner linken Gesichtshälfte, und überreichte ihn der nunmehr versöhnungsbereiten Dame. Es stellte sich bald heraus, dass sie gar nicht mehr so jung und bereits Mutter von fünf Kindern war.

Meine Schwester Maria war damals bereits „Oberrechnerin" der Versuchsanstalt für Luftfahrt. Ihre beste Freundin hieß Katrin.

Verständlich, dass Katrin über alle Geschwister Marias längst im Bilde war, ja sie zum größten Teil persönlich kannte. Nur Georg war ihr noch entgangen, obwohl sie gerade angesichts der Fotografie dieses Jünglings erklärt hatte: „Den heirate ich!"

Maria schickte daraufhin ein Bild von Katrin an Georg und teilte ihm lapidar mit, sie sei die richtige Frau für ihn.

Georgs Antwort kam postwendend: „Ich kaufe doch keine Katze im Sack!"

Nun, Katrin ist heute seit langem seine treu sorgende Gattin, dazu Mutter zweier Töchter und eines Sohnes, der den schönen Namen Christian trägt.

Georgs Hochzeit fand Anfang des Krieges im Rosenhaus statt. Er trug seine schmucke Fliegeruniform mit weißem Gurt und langem Schleppdegen, wobei ihm dies ungewohnte Instrument bei der Trauung dauernd zwischen den Beinen herumbaumelte, so dass er wiederholt nur durch den tatkräftigen Zugriff der Braut vor einem jähen Sturz bewahrt wurde.

Selbstverständlich war bei dieser Hochzeit „alles dran": Ehrenspalier und Rosenstreuen, Tränen der Rührung und das Largo von Händel, Spargel mit Schinken und Gänsebraten, ja sogar ein Fläschchen Wein wurde geköpft, ein ungewöhnliches Ereignis im alkoholfeindlichen Pfarrhaus.

Ich weiß nicht, ob Luftmarschall Hermann Göring an diesem Tag viel Freude an seinem Fliegeroffizier gehabt hätte, wie dieser in vorgerückter Stunde in Paradeuniform, jedoch mit weit geöffnetem Hemdkragen, ein viel bewundertes Solo auf der Zugposaune absolvierte. Der kühne Held, der kriegsbedingt lange nicht zum Üben gekommen war, schwitzte gewaltig, und seine Backen bliesen sich auf wie ein Reklameball für Nivea.

Natürlich „patzte" er an der gewohnten Stelle, und bei dem Marsch aus „Judas Makkabäus", in den wir mit Waldhorn und Flügelhörnern einfielen, überschlug sich der Ton der Zugposaune mehrfach, was Vater kopfschüttelnd, aber mit Fassung zur Kenntnis nahm.

Als Mitternacht nahte, wurden die Fenster weit geöffnet, und wie stets bei festlichen Ereignissen im Rosenhaus schollen feierliche Choräle und innige Volkslieder in die Sternennacht hinaus.

Mit Vaters Andacht schloss der schöne Tag, und das junge Paar begab sich auf eine kurze Hochzeitsreise.

Der Krieg ging dahin. Katrin saß mit den Kindern auf einem kleinen Dorf. Georg schien verschollen. Wo war er?

In den Tagen des Zusammenbruchs lag in einem Luftwaffenlazarett in Mitteldeutschland ein zum sechsten Male abgestürzter Flieger. Der letzte Absturz war im Vergleich zu den vorigen noch glimpflich abgegangen. Der Flieger Georg, denn um ihn handelte es sich, hatte nur den kleinen Finger gebrochen und eine leichte Verletzung am Kopf. Da er jedoch noch eine Wirbelprellung hatte, die ihm das Laufen und Sitzen schwer machte und zum Einsatz untauglich, hatte er die Obhut des Lazaretts vorgezogen, um hier dem schrecklichen Wirbel der letzten Kriegstage zu entgehen.

Die Front war nur noch wenige Kilometer entfernt, und das Donnern der Kanonen und Flakgeschütze dröhnte durch die geöffneten Fenster.

Eines Tages hatte eine Brandbombe das Verpflegungslager des Lazaretts entzündet, so dass es in hellen Flammen stand. Während niemand sich an das lodernde Feuer wagte, sicherte sich Georg kaltblütig einen erklecklichen Posten dickbäuchiger Brasil- und Havannazigarren, sowie zwei bis drei Kisten Schokolade. Diese Schätze sollten wenige Tage später, als die Russen kamen, das ganze Lazarett vor dem Hungertod bewahren.

Der Einzug der Russen vollzog sich unter dramatischen Umständen.

Georg stand mit der Stationsschwester, die mit dem Oberarzt verlobt war, am Fenster, während dieser den einziehenden Russen entgegenging. Entsetzt mussten die arme Braut und Georg mit ansehen, wie der erste Russe, ein berittener Kosak, auf den Oberarzt anlegte und ihn mit einem Schuss zu Boden streckte.

Auf das Schlimmste gefasst, erwarteten sie die Plünderung des Lazaretts. Aber nichts geschah.

Georg hatte sich wieder zu Bett begeben. Die schluchzende Schwester saß neben ihm. Da sprang die Tür auf, ein mächtiger Kommissar in Lederjacke kam herein, sah das weinende Mädchen und sagte gutmütig: „Du nicht weinen, Russki nix schlecht!" Tatsächlich blieben das Lazarett und seine Insassen vor jeder Belästigung verschont.

Unter dem Bett hatte Georg seine Schätze gehortet – Zigarren und Schokolade – und versorgte damit seine Kameraden. Aber glauben Sie bitte nicht, dass dies ohne Gegenleistung geschah! Vielmehr rührte Georg von nun an keinen Finger mehr und regierte wie ein echter Potentat vom Bett aus. Jede Dienstleistung, jede Handreichung, die er benötigte oder wünschte, wurde mit einer Tafel Schokolade oder einer Zigarre, je nach Wunsch, belohnt. Georg wäre wohl heute noch Oberhäuptling dieses Lazaretts, wenn es ihm nicht zu langweilig geworden wäre und auch die Vorräte sich dem Ende zugeneigt hätten.

Eines Tages kam eine russische Ärztekommission, um den Patienten zu untersuchen. Dieser stellte sich natürlich kränker als er war. Als er aus dem Bett gehoben wurde, fiel er sofort kraftlos in sich zusammen. Dies war sein Glück, denn alle Gehfähigen mussten am nächsten Tag den Marsch nach Sibirien antreten, während Georg entlassen wurde.

Zwei Sanitäter schleppten ihn auf einer Trage zum Bahnhof und waren sehr erstaunt, als der Patient an einer Straßenecke von der Trage sprang und verschwand. Auf vielen Umwegen marschierte er in Richtung Berlin, wo er damals seine Wohnung hatte und Katrin und die Kinder vermutete.

Eines Tages stand er tatsächlich vor seiner Wohnung. Sie war besetzt, und die neuen Wohnungsinhaber, die sich eigenmächtig dort einquartiert hatten, machten keinerlei Anstalten, die Wohnung zu räumen.

Katrin und die Kinder waren nicht da. Nun, dachte Georg, das Wichtigste scheint mir, dass ich zunächst diese Leute aus der Wohnung herausbekomme.

Gesagt, getan! Infolge der Kopfverletzung, die er bei seinem letzten Flugzeugabsturz erlitten hatte, war in seinem Wehrpass der Vermerk „Hirnverletzter" eingetragen. Diesen „Jagdschein" nutzte Georg nun aus.

Eines Tages, als die neuen Wohnungsinsassen gerade mit Katrins Rosenthal-Service beim Mittagessen saßen, erschien Georg, freundlich grinsend, und zerschlug mit seinem Krückstock das gesamte Porzellan, dass die Erbsensuppe nur so durch die Gegend spritzte.

Dann zog er, wie aus einem Traume erwacht, seinen Wehrpass hervor und wies den entrüsteten Eindringlingen bedauernd nach, dass er als Hirnverletzter von Zeit zu Zeit an Anfällen litte, bei denen er leider gewalttätig würde.

Nachdem er den Herrschaften zum dritten Mal das immer wieder neu organisierte Porzellan zerschlagen hatte, zogen diese es vor, freiwillig die Wohnung zu räumen und dem „Verrückten" zu überlassen.

In der Folgezeit war Georg eifrig damit beschäftigt, die geplünderten Einrichtungsgegenstände seiner Wohnung, darunter einen herrlichen Musikschrank, wieder einzusammeln, die Bekannte vorsorglich „aufbewahrt" hatten.

Als alles wieder eingerichtet war, fuhr er mit dem Fahrrad zu dem Dorf, wo er Katrin und die Kinder vermutete und fand. Bald darauf war die Familie wieder in der alten Wohnung vereint.

Noch vor der Währungsreform erhielt ich Besuch von diesem erstaunlichen Lebenskünstler. Was er mir dabei berichtete, grenzte ans Unwahrscheinliche. Angeblich hatte er einen Handel mit Süßstoff angefangen, hätte jetzt mehrere Lastwagen zwischen Hamburg und Berlin laufen und stände vor seiner Wahl zum Landtagsabgeordneten.

Hingerissen lauschte ich der faszinierenden Schilderung seiner bewundernswerten Karriere, bis Georg mir lachend auf die Schulter schlug und gestand, dass alles purer Schwindel sei. Er war so arm wie ich und schlug sich mit Katrin und den Kindern genauso mühselig durch das „Vorwährungsleben" wie wir alle.

Heute ist er Lehrer in Berlin und wird von seinen liebenswerten Kindern nicht immer ganz ernst genommen. Aber wenn ich sein Haus betrete, dann ist mir, als beträte ich mein Elternhaus. Katrin begrüßt mich wie Mutter, und Georg ist Vater in vielem so ähnlich, dass er mir mehr als ein Bruder geworden ist.

Die Altarreise

Wenn ich sagen sollte, wer unter meinen zehn Geschwistern meinem Herzen am nächsten stand, so könnte ich darauf keine Antwort geben. Wer mehrere Kinder hat, wird mich sicher verstehen. Jedes der geliebten Kinder hat seine Eigenart, seine Vorzüge und Schwächen, und jedes hat etwas, was es besonders liebenswert macht.

Wie sehr war ich meinen kleinen Brüdern Stefan und Benjamin zugetan, die im Krieg oder an den Folgen des Krieges ihr Leben lassen mussten. Wie brüderlich stehen Georg und ich zueinander, und wie sehr bewundere ich die Tüchtigkeit der Geschwister, die es sämtlich „zu etwas gebracht haben".

Die Hübscheste unter meinen Schwestern ist zweifellos Eva, die Resoluteste Betty, die Begabteste Maria, aber die Liebste ist mir die blonde Margrit.

Sie war es schon als Kind, wenn sich ihr glocken-heller Sopran von der Empore unseres kleinen Gotteshauses schwang, und sie ist es bis heute geblieben.

Wir haben vor kurzem eine Rheinreise zusammen gemacht. Ich hatte Margrit im Rheinland besucht, wo sie an verantwortungsvoller Stelle in einem größeren Betrieb arbeitet. Der freundliche Chef hatte zugestimmt, dass ich sie zu einem Kurzurlaub entführen durfte, und bei strahlendem Sonnenschein fuhren wir mit meinem Wagen am Rhein entlang.

Blitzblanke Wellen kräuselten den sonnenüber-
fluteten Strom. Kühne Burgen grüßten von den fel-
sigen Höhen. Die Welt war voll Sonne und Glück.

Margrits liebes Gesicht, das dem unserer Mutter
so ähnlich ist, erglänzte im Licht der Herbstsonne,
und ihre blauen Augen strahlten.

Böllerschüsse krachten in den Weinbergen, bunte
Fahnen flatterten im Wind, und die weißen Schiffe
und mächtigen Schleppkähne schwammen den Fluss
hinauf und hinunter. Alles war so friedlich, als sei
nicht wenige Jahre zuvor ein furchtbarer Krieg über
das Land hinweggegangen.

Auf einer weit über den Strom hinausgebauten
Terrasse nahmen wir das festliche Mittagsmahl ein,
und gegen Abend saßen wir unter Ulmen und mächtigen Platanen bei Balthasar Ress in Hattenheim und
ließen uns eine Flasche Marcobrunner Auslese mun-
den. Hier erzählte uns der alte Herr Ress die
Geschichte von seiner Reise zum Papst.

Die berühmtesten Weinbauern des Rheingaus
unternahmen vor einigen Jahren auf Einladung des
italienischen Weinbauernverbandes eine Reise nach
Rom. Selbstverständlich war dort auch eine Audienz
beim Heiligen Vater vorgesehen, und die weinver-
ständigen Pilger hatten einen Korb mit Flaschen
zusammengestellt, der das Köstlichste enthielt, was
der Rheingau an Spitzenweinen zu bieten hatte. Hei-
ter und beschwingt fuhren die Pilger gen Rom, den
kostbaren Korb zu ihren Füßen.

Zunächst hatte man noch munter geplaudert, sich

vom vergangenen harten Winter erzählt und neuen Methoden zur Bekämpfung der Reblaus. Aber wie das so ist, schließlich war das Gespräch versandet, und man begann sich zu langweilen.

Da schlug einer der Reisenden vor, ein Fläschchen aus dem Korb zu probieren. Der Heilige Vater dürfe wegen seiner angegriffenen Gesundheit sicherlich nur wenig Wein trinken, und überdies sei es ja auch noch nicht sicher, ob die Audienz wirklich stattfände.

Nur zu leicht erlagen die Pilger der gewohnten Versuchung, und als man den Brenner überschritten hatte, war der Korb so leer wie eine Kirche nach dem Segen.

Natürlich fand die Audienz doch statt. Man hatte in aller Eile in Rom einen Präsentkorb besorgt, und der Heilige Vater erfuhr nichts von dem Sündenfall der frommen Pilger.

Am nächsten Morgen fuhren wir weiter. In Wiesbaden setzte ich Margrit auf das Schiff, mit dem sie dann noch eine herrliche Fahrt bis Köln zurücklegte.

Als Margrit das Lyzeum absolviert hatte, kam sie auf eine so genannte Frauenschule im schönen Schlesierland. Dort lernte sie ihren Lebensgefährten kennen, der damals das in der Nähe befindliche Predigerseminar besuchte.

Heinrich war ein junger, feuriger Theologe, der aus ebenso strahlenden Augen in die Welt blickte wie seine Margrit. Und selten habe ich zwei Menschen gesehen, die sich im Aussehen und Wesen so ähnlich waren wie diese beiden.

Man traf sich an Singabenden und in der Kirche, Heinrich las Margrit seine ersten Predigten vor, und über ihrer eigenen tiefen Liebe stand die größere Liebe zu der Gemeinde der Gläubigen, der sie einmal dienen wollten.

Ach, wie schwer hat man es Heinrich und Margrit dabei gemacht. Die politischen Verhältnisse der damaligen Zeit zwangen Heinrich zu mutigem Bekenntnis. Das Ergebnis war, dass er jahrelang auf eine Pfarrstelle warten musste und Margrit mit ihm.

Sieben Jahre waren beide verlobt, und nur vierzehn Tage dauerte das Glück ihrer Ehe. In Russlands Weiten verlor der junge Theologe kurz darauf sein Leben. Er hatte es sich nicht nehmen lassen, in vorderster Reihe seiner Pflicht als Soldat nachzukommen. Margrit hat ihm über das Grab hinaus die Treue gehalten und ist noch heute allein.

Ihr ganzes Glück ist ihre Nichte Linda, Geralds Tochter, mit dem sie in einem Haus lebt. Ein einziges Mal unternahmen Margrit und Heinrich kurz vor Ausbruch des Krieges eine Reise auf den Spuren Tilman Riemenschneiders.

In Creglingen, der kleinen Stadt im Taubergrund liegt an einem Hang oberhalb des Tales die berühmte Herrgottskapelle mit dem schönsten Altar, der je geschaffen wurde. Aus Lindenholz geschnitzt, mitten im zarten Dämmer der Kapelle steht dieser herrliche Altar.

Dort wo heute der Altar steht, soll einstmals ein Bauer beim Pflügen eine Hostie gefunden haben. Noch im gleichen Jahre 1384 wurde mit dem Bau der Kirche begonnen.

Der Altar schildert die Himmelfahrt Marias, wobei Riemenschneider zum ersten Male in der Geschichte der Bildhauerei ein solches Werk mit lebensgroßen Figuren gestaltete. Über den Gruppen der knienden Apostel und Jünger schwebt die schönste Maria gen Himmel, die Menschenaugen jemals sahen. Ihre schmalgliedrigen Hände sind leicht im Gebet aneinandergelehnt. Vier Engel umschweben das köstliche Gewand, und Maria blickt mit einem Ausdruck voll Süße und Innigkeit in die Ferne, als sähe sie die Tore des Himmels weit geöffnet und als höre sie jene himmlische Musik, nach der wir alle uns sehnen. Vor diesem Altar standen Heinrich und Margrit in stummer Ergriffenheit. Ihr Herz war ein einziges Gebet.

Sie fuhren dann weiter nach Rothenburg, jenem weltberühmten mittelalterlichen Städtchen, das mit seinem noch erhaltenen Wehrgang ein Kleinod mittelalterlicher Baukunst darstellt.

Weithin schweifte ihr Blick vom Burgturm herab über das romantische Taubertal. Hand in Hand wanderten sie durch die verschwiegenen Winkel und Gässchen, bewunderten das Topplerschlösschen und das mächtige Rathaus, das Klingentor und die um 1400 erbaute St. Jakobskirche. Beglückt standen sie vor dem entzückenden Hegereiterhaus und der in die Stadtmauer eingebauten St. Wolfgangskirche, und schließlich bewunderten sie den Heiligblutaltar Meister Tilmans, den Edelstein Rothenburgs.

Weiter führte sie ihre Reise durch das malerische Dinkelsbühl und das wehrhafte Nördlingen. Feste Harburg grüßte hoch oben über der Wörnitz, und schließlich betraten sie die Hauptstadt Schwabens, die Fuggerstadt Augsburg.

Sie bewunderten den Perlach und Elias Holls herrliches Rathaus, dessen Fassade zu den Höhepunkten der deutschen Renaissance gehört. Sie standen zu Füßen Holbein'scher Gemälde, sie wanderten durch das Ulrichsmünster und bewunderten die Frauenfiguren am Augustusbrunnen.

Doch Margrit wäre keine echte Ryke gewesen, wenn sie auf dieser Fahrt mit ihrem geliebten Heinrich die leiblichen Genüsse außer Acht gelassen hätte. Die fränkischen Bratwürste und das gut gekühlte Bier des Rothenburger Brauhauses, der pikante Ochsenmaulsalat und die duftende Schlachtschüssel fanden Gnade vor ihren Augen. Dass sie nicht vergaßen, in Franken den berühmten Boxbeutel zu trinken, versteht sich am Rande.

Anschließend ging die Reise über Klosterlechfeld, Landsberg und Schongau zu den Königsschlössern Hohenschwangau und Neuschwanstein. Weit schweifte der Blick bis zu der Kette der Allgäuer Alpen. Aber das tiefste Erlebnis blieb doch der Besuch der Wallfahrtskirche „Die Wies", ein berühmtes Alterswerk von Dominikus Zimmermann.

Inmitten der Wiesenlandschaft des Trauchgaus erhebt sich das schneeweiße Bauwerk wie ein Tausendschönchen im Blumengarten.

Bergan durch den Wald führte der Weg.

Als Heinrich und Margrit die Kirche betraten, war es ihnen, als kämen sie geradewegs in den Himmel. Blau und weiß, gold und rot, schneeweiße Säulen, immer zwei nebeneinander, so tat sich der herrlichste Barockraum vor ihnen auf, den sie je gesehen hatten. Oder war es schon Rokoko? Sie wussten es nicht. Aber sie wussten, dass nur tiefste Gottverbundenheit solche Bauwerke schaffen kann.

Nachdem sie in München noch den berühmten Schäfflertanz gesehen hatten, der nur alle sieben Jahre von den Braugesellen getanzt wird, in malerischen Trachten und mannigfachen Figuren, die einem königlichen Ballett alle Ehre antun würden, erreichten sie schließlich den Chiemsee. Dort fanden sie ein freundliches Quartier, wo sie abends durch die weit geöffneten Fenster die Frösche quaken hörten.

Das schönste Erlebnis war aber offenbar der Besuch der Insel Herrenchiemsee mit dem mächtigen Königsschloss. Was Heinrich und Margrit hier empfanden, bringt am ehesten folgendes Gedicht zum Ausdruck, in dem sie ihre Erlebnisse und Gedanken beim Besuch der Insel und des Königsschlosses schildern:

„Vom Seesteg traten wir ins Boot,
die Welle rauschte auf, wir glitten
wie träumend in des Abends Kupferrot,
vergessen war, was beide wir gelitten.
Wir saßen stumm, du hieltest meine Hand
und blicktest ängstlich auf die abendliche Flut,
die wie ein Meer um unser Schifflein stand,
und fühltest es: Mit Dir ist alles gut!
So kamen wir an Land, die Bäume rauschten,
vom Wiesengrund ein kühler Hauch,
verzaubert schritten wir dahin und lauschten,
Glühwürmchen blitzten unter Busch und Strauch.
Da, plötzlich, aus dem Dunkel der Alleen
stieg prächtig auf das Königsschloss,
durch hohe Fenster sahen wir die Kerzen wehen,
ganz fest sich deine Hand um meine schloss.
Wir traten ein und gingen durch die Hallen,
Prinz und Prinzessin, König, Königin,
von ferne hörten wir Musik erschallen:
Cello, Viola, Flöte, Violin.
Und dann der Saal! Die Saiten sangen,
Kristall und Kerzen, ach, ein Meer von Licht,
die Tränen rannen über deine süßen Wangen,
o Herz, vergiss es nicht!“

Die Wette

Thomas war als Kind ein bildhübscher Bursche. Goldblonde Locken ringelten sich auf seine Schultern nieder, und strahlend blaue Augen täuschten einen Engel vor, der er keineswegs war.

Bereits früher habe ich erzählt, wie er – seiner Zeit weit voraus – als Kind die Konsumsteuer erfand. Das heißt, er pflegte bei allen Waren, die er in Mutters Auftrag einkaufte, einen Zuschlag zu erheben, von dem er für uns alle Süßigkeiten kaufte.

Als die Locken Vaters Schere zum Opfer gefallen waren, blieb von dem Engel nicht mehr viel übrig. Das musste auch Mutter Birkhuhn zu ihrem Leidwesen erfahren.

Georg hatte sich einen Schäferhund namens „Hasso" angeschafft, der nicht ganz „astrein" war, was daraus zu ersehen war, dass Hasso das linke Ohr herabhängen ließ. Zwar versuchte Georg, diesen Fehler im Ahnenpass seines Lieblings dadurch auszugleichen, dass er einen Streifen Leukoplast hinter das Bastardohr klebte, aber Hasso zeigte auch sonst mancherlei Eigenschaften, die ein echter Schäferhund nicht haben sollte. Nur die Schärfe und Wachsamkeit hatte er von seinen blaublütigen Ahnen geerbt.

An einem milden Herbstabend spazierte Thomas, inzwischen ein Jüngling von nahezu sechzehn Jahren, im väterlichen Garten umher, um sich noch ein wenig Obst einzuverleiben, was natürlich streng verboten war.

Auf einmal hörte er, wie aus dem großen Birnbaum prasselnd eine Anzahl Früchte zur Erde fiel. Leise ging er näher und sah zu seiner Überraschung unsere Nachbarin, die alte Mutter Birkhuhn, oben im Baum hocken, die für ihr „einnehmendes" Wesen bekannt war. Na, so was!

Thomas tat, als habe er nichts gesehen, ging ins Haus zurück und holte sich Georgs Hasso. Leise schlich er mit Hasso zum Birnbaum und band ihn am Stamm fest. Dann spazierte er, als sei nichts geschehen, ins Haus zurück.

Am anderen Morgen – Hasso hatte in der Nacht nur einige Male grimmig geknurrt – ging er in den Garten und erlöste die vor Angst und Müdigkeit halbtote Mutter Birkhuhn von ihrer unfreiwilligen Baumsitzerei.

Das war Thomas!

Thomas interessierte sich auch gewaltig für die Spukgeschichten, die im Dorf erzählt wurden. Oft saß er zu Füßen der armen Häuslerin Emilie, deren Mann, aus dem Wirtshaus kommend, im See ertrunken war. Wie beneidete Thomas seinen Schulfreund Franz, der – als Sonntagskind geboren – hierdurch angeblich in der Lage war, all die Geister und Spukgestalten zu sehen, deren Anblick uns verwehrt war.

Da war zum Beispiel die alte Frau, die in Voll-

mondnächten am Kreuzweg zu spinnen pflegte, wobei sie mit blecherner Stimme sang:
„Das Rädchen dreht sich
klipp und klapp,
die Schere schneidet
schnipp und schnapp,
Kopf ab, Kopf ab, Kopf ab!"

Dabei kicherte sie höhnisch und schwang eine blitzscharfe Schere in der dürren Hand. Wehe dem Wanderer, der ihr begegnete! Sein Tod war gewiss.

Ebenso gefährlich war der alte Amtmann, von dem es hieß, dass er mit dem Kopf unter dem Arm spazieren ging und alles wusste, was in einem Umkreis von zwanzig Meilen geschah.

Dieser alte Amtmann soll vor etwa hundert Jahren auf einem Gut ganz in unserer Nähe gelebt haben. Waren die Knechte und Mägde auf dem Felde bei der Arbeit, so stand er plötzlich, wie vom Himmel gefallen, unter ihnen und schalt sie, wenn sie nicht arbeiteten. Auch wenn er nicht kam, wusste er doch alles, was sie draußen auf dem Acker getrieben hatten. Einmal soll er einen Korndieb beim Stehlen überrascht und in eine Vogelscheuche verwandelt haben. Jedenfalls soll ihn niemals wieder jemand gesehen haben. Nach seinem Tod ritt der Amtmann ruhelos über die Felder, den Kopf unterm Arm, und machte der alten Frau am Kreuzweg Konkurrenz.

Thomas' Freund war beiden angeblich schon begegnet. Aber da er ein Sonntagskind war, konnten sie ihm nichts tun. Da Franz uns aber als Aufschneider bekannt war, waren wir froh, als unser Sonntagskind Benjamin geboren wurde. Endlich hatten wir nun auch einen Geisterseher in der Familie!

Leider hat Benjamin uns in dieser Hinsicht völlig enttäuscht. Ist es ihm doch nicht gelungen, auch nur einen einzigen Geist zu sehen – geschweige denn den Mann ohne Kopf!

Emilie wusste zum Trost aber einen Ort, wo mit Sicherheit ein Schatz vergraben war. Leider lag dieser Platz tief auf dem Grunde des Sees. Im Dreißigjährigen Krieg sei, so erzählte sie, die fahrende Kriegskasse eines schwedischen Regiments, gefüllt mit blanken Silbermünzen und Golddukaten, durch einen Unglücksfall rückwärts in den See gerollt und mit Pferd und Wagen untergegangen.

Ach, wie oft bin ich mit Georg und Thomas in die schwarze Tiefe getaucht, um die Golddukaten herauszuholen. Leider vergeblich! Außer Schlamm, Tang und einem alten Blecheimer haben wir nichts nach oben gebracht.

Eine Stelle, wo die Geister deutscher und französischer Soldaten zu mitternächtlicher Stunde Gefechte miteinander austragen sollten, wurde uns von Emilie genau bezeichnet. Tatsächlich fand ich später Berichte in einer Chronik über ein blutiges Gefecht, das zwischen Deutschen und Franzosen vor einhundertfünfzig Jahren an dieser Stelle stattgefunden haben soll. Man sieht, ein Kern Wahrheit steckt in den meisten Sagen und Geschichten.

Trotzdem war es nicht gut, dass unsere kleinen Seelen mit solchen Spukgeschichten verwirrt wurden. Mutter hatte es den Mädchen auch streng verboten, solche Dinge zu erzählen.

Gründlich verleidet wurde Thomas und mir allerdings die Freude an solchen Spukgeschichten durch eine Fahrt, die wir zusammen machten.

An einem Spätsommerabend fuhren wir mit Vater in den Nachbarort, wo er Bibelstunde halten wollte. Als wir dort eintrafen, war es schon ziemlich dunkel. Vielleicht wollte Vater unseren Mut auf die Probe stellen? Jedenfalls befahl er uns, mit dem leichten Jagdwagen und dem noch jungen Pferd allein nach Hause zu fahren.

Mir schwoll die Brust. Zwar war ich einige Jahre älter als Thomas, aber immerhin auch erst zehn Jahre alt. Jetzt würden Thomas und ich Vater zeigen, wie wir fahren konnten!

Zuerst überließ ich großmütig Thomas die Zügel, es würde ihm schon leid werden. Die Sonne war längst am Horizont verschwunden. Dicke schwarze Wolken zogen über den Himmel. Kein Sternlein leuchtete. Wir näherten uns einem tiefen, dunkelstämmigen Wald. Die Wagenlaterne schwankte und warf bedrohliche Schatten auf die vorbeihuschenden Bäume.

Thomas gab mir die Zügel, schmiegte sich an mich und rutschte langsam unter die Spritzdecke, von wo aus er Schauergeschichten zum Besten gab. Bald kämen wir, so flüsterte er ängstlich, an jene Stelle, wo der Mann ohne Kopf vorüberzureiten pflege. Auch ein Raubüberfall sei dort kürzlich passiert.

Dort, hinter dem Wacholderstrauch, regte sich da nicht etwas? Hörte ich nicht einen Schritt, ein Ächzen? Mir wurde angst. Ich berührte das Pferd mit der Peitsche, sofort fiel es in Trab. Ich hielt die Zügel fest in beiden Händen, wie Vater es mich gelehrt hatte. So fuhren wir dahin.

Schneller und schneller wurde die Fahrt. Ein ferner Donner grollte. Fahle Blitze zuckten. Ein jäher Wind raschelte in den Bäumen. Dann begann es zu regnen. Schwere Tropfen klatschten mir ins Gesicht. Thomas war völlig unter der Spritzdecke verschwunden und schwieg.

Da begann ich zu beten. Alle die Gebete, die unsere fromme Mutter uns gelehrt hatte: „Breit aus die Flügel beide" und das „Vaterunser", „Befiehl du deine Wege" und „Müde bin ich, geh zur Ruh", „Hirte meiner Schafe" und „Ich bin klein, mein Herz ist rein".

Längst war das Pferd in Galopp gefallen, der Regen rauschte, und die Blitze zuckten. Ich hörte Thomas' leises Weinen und nahm die Zügel fester in die Hände, während mir gleichfalls die Tränen über die Wangen liefen.

So fuhren wir ins Dorf ein. Der Wagen schleuderte über das holprige Steinpflaster, ich stemmte die Füße gegen das Schrägbrett und zog die Zügel an. Das Pferd fiel in Schritt.

Ein Mann kam uns entgegen, es war Knecht Eduard. Mutter hatte ihn geschickt. Vater hatte nur eine kurze Bibelstunde gehalten, sein Gewissen hatte geschlagen. Die Nacht, das Gewitter, das junge Pferd. Eilends war er mit geborgtem Fahrrad nach Hause gefahren, wo ihn die entsetzte Mutter nach unserem Verbleib fragte. Als Vater gestand, dass er uns allein hätte fahren lassen, begann Mutter zu schluchzen. Stumm fiel sie auf die Knie und betete. Vater folgte beschämt.

Wenig später fuhren wir zum Hoftor ein, das Pferd trotz des Regens schweißgebadet. Eduard rieb es trocken. Mutter schloss uns dankbar in die Arme. Thomas aber erhielt am nächsten Tag eine Tracht Prügel von mir, die lange Zeit vorhielt. Jedenfalls hat er mir keine Spukgeschichten mehr erzählt.

Doch nun wollen wir uns Thomas' Liebesgeschichten zuwenden.

Thomas prangte noch im Schmuck seiner goldenen Locken, da tauchte in unserem Dorf ein kleines Mädchen auf, das zu Besuch aus der Großstadt bei einer Bauernfamilie weilte.

Erika, so hieß das kleine Mädchen, fiel durch einen besonders feschen Haarschnitt auf. Ihre großen Kirschaugen machten besonders auf Thomas einen tiefen Eindruck.

Zu dieser Zeit waren Vater und Mutter gerade mit der Einstudierung eines Theaterstückes auf der Dorfbühne beschäftigt. Es handelte sich um Fritz

Reuters zum Bühnenstück umgearbeiteten „Onkel Bräsig".

Ich glaube, nur im niederdeutschen Raum weiß man den unübertrefflichen Humor dieses durch ein hartes Leben und bittere Verfolgungen geprüften Weisen zu schätzen, der in dem kernigen plattdeutschen Dialekt, der dem Holländischen, Schwedischen und Englischen so verwandt ist, eine Welt des Frohsinns und echter Lebensfreude gezaubert hat, wie man ihn nirgends sonst in dieser Urwüchsigkeit und Frische finden kann.

Eine der schönsten Szenen Fritz Reuters, die im „Dorftheater" aufgeführt wurde, war die Geschichte von der Wette.

Bäckermeister Swenn sitzt mit dem Gastwirt in seinem Laden und hütet Zwiebäcke und Kuchenkringel. Da kommen zwei Spitzbuben zur Tür herein, verlangen ein deftiges Frühstück, eine Buddel vom besten Wein und lassen sich's wohl sein. Dabei erzählen sie, wie sie den Konkurrenten von Swenn, den Bäckermeister Hauck, mit einer Wette reingelegt haben.

Swenn ist neugierig und fragt, wie es ihnen gelungen sei, den neunmalklugen Hauck anzuführen.

„Nun", sagen die beiden, „wir wetteten mit ihm, dass er nicht eine Viertelstunde vor der Wanduhr sitzen könne, nur immer dem Pendelschlag folgend, ohne irgend etwas anderes zu tun oder zu sprechen als: Hier geht er hin, da geht er hin!"

„Ei, das ist doch nicht schwer", meint Bäcker

Swenn, „ich wette fünfzehn blanke Taler, dass ich das kann."

„Gut", nehmen die zwei Spitzbuben die Wette an. „Ihr dürft Euch dabei aber nicht bewegen und durch nichts aus der Ruhe bringen lassen!"

„Angenommen", sagt Bäcker Swenn, und schon sitzt er auf dem Stuhl vor der Uhr und leiert sein: „Hier geht er hin, da geht er hin!" Die Spitzbuben nehmen die fünfzehn Taler und verschwinden lachend, ohne die Zeche zu begleichen.

Swenn sitzt vor der Uhr.

„Hier geht er hin, da geht er hin!"

Jetzt kommt Swenns Frau herein, sieht ihren Mann allein vor der Uhr sitzen, nur immer die Worte sagend: „Hier geht er hin, da geht er hin!"

Sie ruft erschrocken ihre Tochter und schickt sie zum Doktor Hansen, Vater sei verrückt geworden.

Inzwischen ist die Viertelstunde vergangen, und Swenn darf wieder aufstehen und sich normal bewegen. Da sieht er, dass die Schlingel verschwunden sind und ihn betrogen haben. Aber nun ist's zu spät.

Der Doktor kommt, und Swenn muss trotz Protestes ins Bett, wird zur Ader gelassen und geschröpft, zwei Tage lang. Und immer, wenn er die Sache aufklären will, und von der unglücklichen Wette zu erzählen beginnt, wird er aufs Neue gemartert.

Schließlich ergibt er sich in sein Schicksal und beschließt, niemand etwas von seiner Wette zu sagen. Vom Wetten ist er aber ein für alle Mal kuriert.

Diese Wette wurde als erstes Stück an dem Abend aufgeführt, als Thomas – neben der kleinen Erika in der ersten Reihe sitzend – das Geschehen auf der Bühne verfolgte. Erika trug eine himmelblaue Schleife im schwarzen Haar und rümpfte das Himmelfahrtsnäschen über den dörflichen „Quatsch", wie sie es nannte.

Das erbitterte Thomas.

Und als nun bei dem nachfolgenden „Onkel Bräsig" auch noch die Laube, in der das Liebespaar saß, mit lautem Krach zusammenstürzte, lachte Erika, die Großstadtpflanze, so laut und schallend, dass Thomas' Herz zutiefst verwundet war und die Flamme seiner jungen Liebe in Asche zusammenfiel.

Später, als Thomas in der Stadt den Beruf eines Industriekaufmannes erlernte, mag er noch manche Erlebnisse gehabt haben, von denen ich nichts weiß. Aber auf seine geliebte Inge, die er dann heiratete, ist er so maßlos stolz, wie es ein zufriedener und glücklicher Ehemann nur sein kann.

Nicht umsonst habe ich vorhin die Geschichte von Fritz Reuters Wette erzählt. Denn bei Thomas' Hochzeitsfeier wurde ich selbst das Opfer einer ähnlichen Wette.

Thomas' nicht unbegüterte Schwiegereltern hatten es sich nicht nehmen lassen, ein so üppiges Hochzeitsmahl aufzutischen, wie ich es vorher oder nachher niemals wieder gesehen habe.

Ein knusperbraun gebratenes Spanferkel zierte

die Hochzeitstafel, garniert von gebratenem Geflügel und roten Hummern. Langhälsige Flaschen enthielten edlen Wein, und die Zahl der Torten war Legion. So nahm es nicht wunder, dass die Hochzeitsgesellschaft bereits gegen Abend die Waffen streckte.

Nur ich, wie ich zu meiner Schande bekennen muss, hielt eisern die Stellung und futterte stillvergnügt in mich hinein, ohne zu bemerken, dass die Gäste meinen ungewöhnlichen Appetit längst aufmerksam verfolgten. Schließlich fiel auch mir die eingetretene Stille auf, und als ich vom Teller aufblickte, sah ich Thomas' lachende Augen auf mich gerichtet.

Was diesen gesunden Appetit angeht, so muss ich Ihnen gestehen, dass er mit unserer Kindheit zusammenhängt. Denn zu Hause bei uns war es so, dass jeder sich ranhalten musste, wenn er nicht zu kurz kommen wollte.

So gab es beispielsweise jeden Montag ein schreckliches Theater, wenn der Kaninchenbraten, der vom Sonntagsmahl übrig geblieben war und das kärgliche Montagessen ergänzen sollte, in der Nacht vom Sonntag zum Montag unbekannten Tätern zum Opfer gefallen war. Und ich muss noch heute lachen, wenn ich das Bild vor mir sehe, wie wir Geschwister, jeder ein Stück des Kaninchenbratens in der Hand, zu mitternächtlicher Stunde in einer Ecke des weiträumigen Bodens hockten und futterten.

Thomas, der meinen Appetit kannte, ritt der Teufel und er sagte: „Wetten, Christian, dass du das, was hier auf dem Tisch steht, nicht aufessen kannst!"

„Das wäre gelacht", erwiderte ich, in meiner Fressehre gekränkt.

„Wir wetten um zehn Mark, wenn du das alles schaffst", sagte Thomas.

Die Hochzeitsgäste stimmten lachend zu und schlossen sich der Wette an.

Ich gab Kontra.

Machen wir es kurz: Ich gewann die Wette! Aber fragen Sie mich nicht, wie! Plötzlich hatte ich das Gefühl, als ob mein Magen sich wie ein Gummiballon weitete, und ich musste von da an kerzengerade sitzen, sonst wäre ein Unglück passiert.

Ich habe mir damals zwar den Ruhm geholt, der größte Fresser der Familie Ryke zu sein, aber offenbar auch eine Magenerweiterung, die mir heute bei festlichen Gelegenheiten jedoch gut zustatten kommt.

Auch Thomas nennt inzwischen eine stattliche Anzahl kleiner Orgelpfeifen sein Eigen, die natürlich von der Hochzeitswette wissen und ihren armen Onkel Christian damit aufziehen, wenn er zufällig einmal mehr isst als gewöhnliche Sterbliche.

DIE LIEBESPROBE

Wenden wir uns Betty zu!

Wenn man in das kleine Schwarzwaldstädtchen kommt, in dem Betty mit ihren sechs Kindern heute als ehrenwerte Amtsgerichtsratsgattin lebt, so würde niemand in der repräsentativen Dame der Gesellschaft den Familienclown von einst erkennen.

Betty ist Mutter außerordentlich ähnlich geworden, nicht nur im Aussehen, sondern auch in der Begabung bei der Durchführung von Veranstaltungen und Gesellschaften. Aber es war ein langer Weg, den Betty bis zu diesem erfreulichen Ergebnis zurückgelegt hat. Und ich gehe wohl nicht fehl in der Annahme, dass bei dieser Wesensänderung auch die pflegliche Hand ihres gestrengen Ehegatten eine nicht unbedeutende Rolle spielte.

Bettys Familienbetrieb läuft heute wie eine lautlos geölte Maschine. Und es ist wohl kein Zufall, dass die Kinder ihre Eltern nicht mit „Vater" und „Mutter" titulieren, sondern mit „Chef" und „Chefin".

Abwechselnd üben Bettys Sprösslinge die verschiedenen Haushaltsfunktionen wie Küchendienst, Stubendienst, Schuhputzen aus, und sie lassen es sich nicht nehmen, den Eltern morgens den Kaffee ans Bett zu bringen.

Betty war als junges Mädchen von solchen Tugenden noch weit entfernt. Das mussten auch verschiedene Verehrer zu ihrem Leidwesen erkennen.

Am härtesten traf dies den Jüngling Erwin, der Betty hartnäckig mit Hingabe verehrte.

Damals, als dieser Jüngling sie verehrte, hatte Betty die Angewohnheit, jedem, dem sie ihre Zuneigung zeigen wollte, zärtlich, aber mit solchem Nachdruck auf die Wange zu patschen, dass der Betroffene niemals wusste, ob dies Spaß oder Ernst war.

So geschah es auch dem Jüngling Erwin.

Ich saß mit Betty und Erwin in einer Konditorei, wo ich beiden großzügig (ich stand damals auf dem Höhepunkt meiner Tätigkeit als Nachhilfelehrer) Apfelkuchen mit Schlagsahne spendiert hatte. Erwin hatte irgendeine witzige Bemerkung gemacht, die Betty mit einem so kräftigen Patscherl belohnte, dass Erwins Wange wie eine Orange erglühte.

Ich weiß nicht, ob Erwin sich viel dabei gedacht hat oder ob es nur eine Reflexbewegung war. Jedenfalls schmiss er als Antwort Betty spontan den Apfelkuchen mitten ins Gesicht, so dass der Schlagrahm die Augen völlig verklebte.

Dass Erwin daraufhin in Ungnade fiel, mag verständlich sein. Aber jedenfalls hatte die Sache doch ihr Gutes, denn Betty unterließ seitdem eisern diese spontanen Zärtlichkeiten.

Als Betty die mittlere Reife erlangt hatte, holte Maria sie an ihr Institut als Sekretärin. Dort lernte

Betty auch ihr Ehegespons kennen, das damals als Jurist dieses Institutes tätig war. Doch dieser wäre wohl kaum auf Betty aufmerksam geworden, wenn nicht ein Faschingsball hierzu begründeten Anlass gegeben hätte. Auf diesem Ball errangen nämlich Maria, Betty und die eingeladene Eva einen unbestrittenen Erfolg, als sie als „Wein, Weib, Gesang" kostümiert aufkreuzten.

Maria als Verkörperung des Gesangs trug ein rotes Abendkleid, mit schwarzem Tüll drapiert und silbernen Noten bestickt.

Eva als die Verkörperung des Weibes trug ein schwarzes Abendkleid mit rotem Tüll und gelben Herzen bestickt, die von roten Pfeilen durchbohrt waren.

Betty schließlich als Verkörperung des Weines trug ein grünes Kleid mit gelbem Tüll, bestickt mit braunen Blättern und blauen Trauben.

Da der trockene Jurist Eduard von Gesang nicht viel verstand und dem Weiblichen (ob mit Recht oder Unrecht, mag dahingestellt bleiben) misstraute, entschied er sich, dem Beispiel bekannter Politiker folgend, für die neutrale Mitte und wählte den Wein, sprich: Betty.

Im Wein liegt Wahrheit, sagen die alten Lateiner. In Betty lag sie nicht. Betty hatte ein Geheimnis, was niemand bei dem kernigen, jungen Mädchen vermutet hätte.

Schon in frühester Jugend hatte Betty genau wie

Mutter arg mit Zahnschmerzen zu tun. Mutter hatte diese Beschwerden rigoros, wie sie war, einfach dadurch beseitigt, dass sie in ihrem dreißigsten Lebensjahr bei einem Zahnarzt erschien und dem überraschten Herrn erklärte, dass sie sämtliche Zähne gezogen haben wolle und zwar sofort. Alles Zureden des Zahndoktors nützte nichts, Mutter blieb fest, und an *einem* Tage fielen alle Zähne der Zange zum Opfer.

Betty war nicht genauso konsequent. Sie hatte sich nur die oberen Zähne entfernen und durch ein ähnlich schönes Gebiss wie Mutter ersetzen lassen, deren perlweiße Beißwerkzeuge stets die Bewunderung aller Ahnungslosen erregten.

Auch Eduard ahnte nichts von dieser Misere, bis zu jenem denkwürdigen Tage, als er das prächtige Gebiss an den ebenso prächtigen Kopf bekam.

Betty und Eduard waren dicke Freunde und begeisterte Paddler geworden und verbrachten fast jedes Wochenende auf einem der zahlreichen Seen in der Umgebung Berlins.

Bei einer dieser Fahrten kam es aus nichtigem Anlass zu einem heftigen Streit zwischen ihnen, der das schmale Boot beinahe zum Kentern brachte.

Schluchzend und aufs Höchste aufgebracht, schrie Betty: „Du liebst mich überhaupt nicht, du schrecklicher Mensch, und wenn du nicht endlich still bist, dann wirst du etwas Furchtbares erleben!"

Eduard aber, hartnäckig wie alle Männer und ganz besonders die Juristen, ließ sich durch diese Drohung keineswegs beeindrucken und schimpfte munter weiter.

Schließlich war Betty alles egal. Sie griff in das rosige Mündchen und schleuderte dem ob dieses Naturwunders starr vor Staunen dasitzenden Eduard das kostbare Elfenbeingebiss mitten ins Gesicht, so dass die ruchlose Tat im Versuchsstadium stecken blieb, wie Bettys Mann als Jurist sich ausdrücken würde. Denn Eduard drehte blitzschnell den Kopf, und das Gebiss klatschte ins Wasser.

Es wird vermutet, dass ein besonders bissiger Hecht, der nach diesem Vorfall jahrelang der Schrecken der Fischer in diesem Gewässer war, sich dieses Gebisses bediente, um seine Artgenossen zu verfolgen. Ich persönlich bin davon überzeugt, dass das üble Nachrede ist. *So* scharf waren Bettys künstlichen Zähne nun auch wieder nicht …

Aber so merkwürdig es klingt: Dieses Ereignis war entscheidend dafür, dass Betty Eduard, den Kavalier, erhörte. Denn Eduard erklärte Betty, dass er sie mit oder ohne Zähne liebe und heiraten wolle. Er hatte die härteste Liebesprobe, die seit der Zeit der Troubadoure ein Mann bestehen musste, mit Bravour hinter sich gebracht. Er hat es nicht bereut.

Ich möchte übrigens noch erwähnen, dass die sechs Kinder dieses Paares sämtlich hervorragende Zähne ihr Eigen nennen, mit denen sie das würzige Schwarzwaldbrot so schnell und in solchen Mengen zerkleinern und vertilgen, dass den armen Eltern die Haare zu Berge stehen.

Bettys Schicksal nach dem Kriege war schwer. Ihr Mann war in Gefangenschaft geraten, und sie saß in der Nähe des Bodensees und wusste nicht, womit sie ihre Kinder ernähren sollte. Ein Angebot Marias und Margrits, die Kinder zu sich zu nehmen, lehnte sie entrüstet ab.

Resolut, wie sie war, fand sie schnell einen Ausweg. Sie meldete sich in einer nahe gelegenen Fabrik als Arbeiterin, steckte die Kinder tagsüber in den Kindergarten und stand nun täglich acht Stunden an der Maschine, um als einfache Arbeiterin für ihre Familie das Brot zu verdienen.

Als Eduard dann nach Jahren aus der Gefangenschaft zurückkehrte, schloss er gerührt seine tapfere Frau in die Arme und bewies ihr durch treue Liebe, wie sehr er die Selbstlosigkeit seiner Betty zu schätzen wusste.

Lassen Sie mich noch eine Geschichte von Betty berichten, die eigentlich mit dem Thema des Buches nichts zu tun hat.

Im Orgelpfeifendorf war Schützenfest. Tage zuvor hatten wir schon die Dorfstraße entlanggeblickt, ob nicht bald die Wagen der Fahrenden zu sehen wären, der Schiffsschaukelkönige und Zauberkünstler, der Drehorgelspieler und Schießbudenhäuptlinge.

Ja, da kamen sie angezogen!

Die blauweiß gestreiften Wagen schwankten, der Staub wallte auf, die Peitschen knallten.

Auf dem großen Platz am See fuhren die Wagen auf, Zelte wuchsen aus der Erde, Tische und Bänke wurden aufgestellt, Fahnen wehten, und Drehorgeln leierten.

Die Schiffsschaukel ließ ihre bunten Kähne in die Luft fliegen, die ersten Schüsse aus den Luftgewehren krachten, und das kleine Karussell drehte sich quietschend im Kreise.

Schwäne und Elefanten zogen vorüber, Hirsche und grimmige Drachen. Blaue und rote Ballons stiegen hoch in die frühlingswarme Luft und grüßten aus luftiger Höhe die Menschen im Dorf.

Ja, da blieb alle Arbeit liegen. Die Frauen banden ihre schönen Kopftücher um, die Männer warfen sich in die grüne Schützentracht, und die Kinder tollten durch das Gewimmel der vielen, vielen Menschen, die von nah und fern herbeigeströmt waren.

Jetzt traten die Schützen zusammen, Gewehr bei Fuß. Der Hauptmann trat vor die Front.

„Präsentiert das Gewehr!"

Die Schützenkapelle dröhnte auf, und auf das Kommando „Linke schwenkt, marsch!" marschierten die wackeren Schützen zum Schießstand, um in hartem Kampf um die Würde des Schützenkönigs zu ringen.

Wir Kinder vergnügten uns derweil mit Wurstschnappen und Sackhüpfen, Schiffsschaukeln und Karussellfahren. Doch hatten die Götter vor das Vergnügen den Schweiß gesetzt. Hatte doch der sparsame Vater jedem von uns nur ein armseliges

Gröschlein mitgegeben. So mussten wir, wenn wir das Fest richtig auskosten wollten, uns selber Geld verdienen.

Das war nicht so schwer, denn mancher Budenbesitzer schätzte unsere billige Arbeitskraft, sei es, um Wasser aus dem nahen See zu holen oder das quietschende Karussell in Schwung zu setzen, das noch nichts mit den hochmotorisierten Ungetümen gemein hatte, die heute unsere Rummelplätze zu Vergnügungsfabriken machen.

Den Höhepunkt des Schützenfestes bildete das Vogelschießen, bei dem ein hölzerner Vogel von einer hohen Stange herabgeschossen wurde. Da die braven Schützen schon allerlei „Zielwasser" zu sich genommen hatten, gab es viel Geschrei und Gelächter, denn der Vogel zeigte bewundernswerte Hartnäckigkeit.

Der Bauer Sengbusch hatte so viel Zielwasser zu sich genommen, dass er den Vogel weit verfehlte, und statt dessen eine junge Dohle vom Baume schoss, deren Eltern ihr Nest in einer hohen Tanne nicht weit vom Schützenplatz entfernt gebaut hatten.

Die junge Dohle flatterte kurvend zu Boden, mit Geschrei von den Dorfjungen empfangen.

Es gelang mir, die nur wenig Verletzte dem rohen Zugriff der Dorfjungen zu entziehen und sie heimzubringen.

Hier schloss sich Jakob, so nannten wir selbstverständlich das Rabenvieh, sofort eng an Betty an, die Tiere über alles liebte.

Jakob wurde in einem Käfig im Garten unterge-
bracht und war eifrig damit beschäftigt, die ihm
zugesteckten kleinen Münzen zu verscharren. Denn
wie alle Rabenvögel liebte er alles Glänzende und
machte dem geflügelten Wort „er stiehlt wie ein
Rabe" alle Ehre.

Possierlich war es anzusehen, wenn Betty erschien. Dann schlug Jakob aufgeregt mit den schwarzen Flügeln und gab seinen zärtlichen Gefühlen
durch heftiges Kreischen Ausdruck.

Nahm Betty ihn aus dem Käfig heraus, so setzte er
sich schnurstracks auf ihre Schulter und zwickte sie
zärtlich ins Ohr.

Eine unangenehme Eigenschaft hatte Jakob. Er
war hinterrücks äußerst produktiv, und die Spuren
seiner weißen Exkremente waren, sehr zu Mutters
Leidwesen, überall zu finden.

Beim nächsten Pastorenkränzchen erregte Jakob
natürlich gebührendes Aufsehen, und der dicke
Pfarrer Müller fühlte sich sehr geschmeichelt, als
Jakob, der ihn wohl für einen besonders dicken
Baumstamm hielt, auf seiner Schulter Platz nahm
und ihm in der Dohlensprache zärtliche Dinge ins
Ohr kreischte.

Leider stellte er dabei nicht die bereits erwähnte
Produktivität Jakobs in Rechnung, und grinsend
bemerkten wir, wie sich der schwarze Gehrock des
beliebten Gottesstreiters hinterrücks mehr und
mehr weiß färbte.

Jakob vollbrachte viele Heldentaten, die ich hier

nicht alle aufzählen kann. Er überfiel Katzen und Hunde mit scharfen Schnabelhieben, stürzte ins Wasser und wurde ängstlich schreiend wieder gerettet, er stahl Löffel und Gabeln und verschluckte eines Tages sogar ein blankes Fünfzigpfennigstück.

Das bekam ihm aber keineswegs gut. Er verweigerte von da an jegliche Nahrung, und am dritten Tage nach diesem Ereignis lag er mausetot am Boden seines Käfigs. Betty weinte bittere Tränen, und auch wir Geschwister trauerten dem schwarzen Gesellen nach.

Eine feierliche Beerdigung wurde ausgerichtet und Jakob in einer blumengeschmückten Pappschachtel zu Grabe getragen. Betty schmückte das Grab mit Maßliebchen und Tausendschönchen und errichtete einen Grabstein, auf dem mit Blaustift geschrieben stand: „Hier ruht mein Liebling Jakob!"

Täglich besuchte Betty das Grab des Dahingeschiedenen und schmückte es immer wieder mit frischen Blumen. Eines Tages fiel ihr jedoch eine Veränderung am Grab auf. Der Grabstein stand anders als zuvor, und auch die Blumen hatten nicht mehr den alten Platz. Sie wirkten verwelkt.

Misstrauisch holte Betty einen Spaten und öffnete das Grab. Ihr Verdacht bestätigte sich. Ruchlose Täter hatten das Grab geöffnet und dem toten Jakob die fünfzig Pfennige aus dem gefräßigen Leib geholt. Dann hatten sie das Grab wieder verschlossen.

Die Leichenschändung wäre nie herausgekommen, wenn die scharfsinnige Betty nicht so aufmerksam gewesen wäre. Leider sind die Täter niemals ermittelt worden, und heute verbietet mir mein Berufsgeheimnis, darüber zu sprechen.

Sie werden jetzt merken, liebe Leser, dass diese Geschichte *doch* in dieses Buch gehört, denn Jakob war Bettys erste große Liebe.

Bettys zweite Liebe endete tragisch.

Er hieß Wilhelm und war der bereits erwachsene Sohn einer Gutsbesitzerin in unserer Nähe, den Betty kennen gelernt hatte, als er bei Vater einige Stunden in einer Fremdsprache genommen hatte.

Wilhelm pflegte auf einem eleganten Pferd zum Unterricht zu kommen, und Betty stand jedes Mal mit einer großen roten Schleife im Haar am Zaun und wartete auf den Prinz ihrer Träume. Wilhelm strich dem kleinen Mädchen freundlich übers Haar, sonst ereignete sich nichts.

An einem stillen, warmen Oktobertag lasen wir auf dem Acker am Rohrberg Kartoffeln. Gebückt schritten wir hinter dem blanken Pflug, der glänzend braune Erdschollen aufwarf. Weithin dehnten sich die abgeernteten Felder.

Hin und wieder stieg noch der Rauch eines Kartoffelfeuers in die herbstklare Luft. Altweiberfäden blitzten, ein Schwarm Wildenten fiel schwirrend in das gelbe Schilf des tiefblauen Sees ein.

Ein Jäger schritt gespannt über die Stoppelfelder, die Büchse in der Hand. Sein braunweißer Jagdhund lief suchend hin und her, die Nase an der Erde. Die letzten Kraniche zogen keilförmig nach Süden, eine Sumpfschnepfe meckerte.

In stillem Frieden lag das Dorf, die roten Ziegeldächer leuchteten. In den Kirchenfenstern spiegelte sich funkelnd die Sonne. Die Nachbardörfer am Horizont lagen in goldenem Glanz, und über Klaushagen flammte es rot.

Ich rieb mir die Augen, der rote Schein blieb, wurde dunkler, und plötzlich brach wie eine ungeheure Explosion, unhörbar durch die weite Entfernung, eine purpurschwarze Wolke aus der großen Feldscheune des Gutes, die, wie ich wusste, die Ernte dieses Jahres barg.

Jetzt hatten auch die anderen den Brand bemerkt. Hacken und Schürzen flogen beiseite, Johannes rannte dem Dorf zu, um Hilfe zu holen, und wir jagten schweigend und keuchend dem Brande zu.

Höher und höher stieg die Rauchwolke, stiebend züngelten die Flammen. Man meinte das Prasseln, Knattern und Zischen des brennenden Korns zu hören, doch es war lautlos still. Und das war das Entsetzliche bei diesem Schauspiel, diese stumme und erbarmungslose Vernichtung der Arbeit und Nahrung eines ganzen Jahres.

Als wir die Brandstelle erreichten, war nichts mehr zu retten. Die Scheune war vollständig niedergebrannt. Aber was das Schrecklichste war: Bei dem Brand war Wilhelm, der Gutsbesitzersohn, ums Leben gekommen.

Später kam heraus: Das Feuer war durch einen

vierjährigen Jungen verursacht worden, der in der Scheune mit Streichhölzern gespielt hatte. Als die Scheune in Brand geraten war, hatte er sich zitternd in eine Ecke gedrückt und mit entsetzten Augen in die immer mehr um sich greifenden Flammen geschaut.

Als niemand es wagte, sich in das Flammenmeer zu stürzen, war schließlich Wilhelm hineingesprungen und hatte den schon bewusstlosen Jungen den draußen Wartenden in die Arme geworfen. Ihn selbst traf ein herabstürzender Balken und tötete ihn auf der Stelle.

Der Brand der Feldscheune blieb übrigens nicht der einzige in diesem Jahr. Wie eine unheilvolle Kette schossen bald hier, bald dort die Flammen empor. Bald brannte nur ein Stall nieder, bald ein ganzes Gehöft. Mal brannte es in unserem Dorf, mal im Nachbarflecken. Die pferdebespannten Feuerwehren retteten hin und her, und immer brannte es gerade da, wo sie nicht waren, manchmal an drei verschiedenen Stellen gleichzeitig. Es war klar, Brandstifter waren am Werk.

Die Bauern bildeten Schutzwehren, stellten Nachtwachen, alles vergeblich. Immer wieder gellte der Ruf der Feuerglocke und verkündete Not und Entsetzen.

Schließlich wurde der Täter gefasst. Es war ein geistesgestörter Knecht, der als harmlos galt, aber aus krankhafter Freude an den züngelnden Flammen die Brände gelegt hatte. Mit Mühe gelang es den

Gendarmen, ihn vor der Lynchjustiz der erbitterten Bauern zu bewahren.

In einem besonders heißen Sommer brach in dem nahe gelegenen Kiefernforst ein riesiger Waldbrand aus. Dichte Rauchwolken verdüsterten den Himmel, es roch nach verbranntem Harz und Farnkraut, die Hunde verkrochen sich jaulend in ihren Hütten, angstvoll blickten die Frauen gen Himmel. Alle Männer des Dorfes waren unter der Leitung des Forstmeisters in schwerstem Einsatz, pflügten breite Schneisen in die Kahlschläge und Schonungen, legten mit Äxten ganze Wälder nieder und zündeten Gegenfeuer an.

Wir Kinder schlugen mit grünen Zweigen und Feuerpatschen die glimmenden Brände aus, die über die Heide zuckten, und fanden alles schrecklich aufregend. Hin und wieder raste ein Rudel Hirsche an uns vorüber, die Augen quellend und blutunterlaufen. Eine Rotte Sauen brach durch das glühende Unterholz ohne Scheu vor den zahlreichen Menschen.

Jetzt war es nicht mehr zum Aushalten. Eine einzige Flammenwand stand vor unseren entsetzten Augen. Die Feuerzangen liefen wie feurige Katzen die Kiefernstämme hinauf und entzündeten die Wipfel zu riesigen Fackeln. Die Hitze wurde unerträglich. Langsam wichen wir zurück. Hier konnte nur Gott noch helfen.

Der Abend sank, die Nacht kam. Purpurn wogte das Feuermeer auf einer Breite von mehreren Kilometern. Gerüchte schwirrten umher, ein Forsthaus sollte vernichtet sein, mehrere Menschen seien in den Flammen umgekommen. Verletzte waren zu beklagen, die Wehren der umliegenden Ortschaften hatten ihr Letztes getan. Auch die motorisierte Wehr der Kreisstadt konnte wegen Wassermangels keine Hilfe mehr leisten. Da – ein Tropfen fiel, noch einer, leise und stetig begann es zu regnen. Gott hatte geholfen.

Der Regen löschte das Feuer noch in der Nacht. Ein grauer Morgen kam, voller Verwüstung und Trauer. Fußtief lag die Asche der schwarz gebrannten Erde, aus der nur die meterhohen Stümpfe der einstmals so stolzen Wälder aufragten. Kein Tier weit und breit, kein Vogellied. Eine bleiche Sonne stand am Himmel. Aber in allen Herzen war Glück und Dank über die Rettung aus höchster Gefahr.

Ein unheimliches Erlebnis waren auch die häufigen Nachtgewitter im August. Gegen Abend zog meist eine blauschwarze Wand hinter dem See auf, gelbgezackt. Drückende Schwüle lastete über Haus und Hof, das Vieh brüllte dumpf in den Ställen. Johannes meinte zwar, das Gewitter könne nicht über das Wasser, aber wir glaubten ihm nicht. Beim Abendgebet falteten wir inniger als sonst die Hände, und als wir in unseren Betten lagen, lauschten wir ängstlich auf den ersten schmetternden Donnerschlag.

Meist kam das Gewitter erst um Mitternacht, wenn wir längst schliefen. So haben wir's oft verschlafen. Aber manchmal tobten die Elemente so heftig, dass auch der ärgste Schläfer erwachte. Dann saßen wir in weißen Nachthemden um die flackernde Kerze im Wohnzimmer und blickten scheu durch das Fenster in die von zuckenden Blitzen erhellte Nacht. Mutter hielt die beiden Kleinen im Arm und sang ihnen leise etwas vor, Vater ging prüfend von Zimmer zu Zimmer, ob alle Fenster verschlossen seien, und Maria erzählte den jüngeren Geschwistern eine Geschichte. Aber immer wieder zuckten wir zusammen, wenn krachende Schläge und blendende Blitze einen Einschlag in der Nähe anzeigten.

Doch endlich ließ das Unwetter nach, und der Regen strömte hernieder. Wenn wir am anderen Morgen erwachten, dann glänzten tausend Diamanten im hellen Sonnenschein, die Vögel jubilierten, die Linde vor dem Haus prangte in frischem Grün, und der See blitzte wie blankes Geschmeide.

Im Keller aber sah's manchmal böse aus, er stand voller Wasser. Die Kartoffeln und Mutters Eingemachtes schwammen in der schmutziggrauen Brühe, und auf einem dicken Holzscheit saß zitternd eine Maus und blickte uns aus schwarzen Knopfaugen flehentlich an. Nun, wir setzten sie an Land und schenkten ihr das Leben. Aber dann fuhren wir selbst hinaus auf die stürmische See – im Waschfass, mit den Händen paddelnd! Es war eine Lust zu leben.

Ein Brand, den ich schon kurz erwähnte, hätte uns beinahe das Leben gekostet.

Vater pflegte als Erster aufzustehen, das Mädchen zu wecken und den Herd anzuheizen. Eines Morgens öffnete er früher als sonst die Küchentür und fuhr entsetzt zurück: Eine Stichflamme schlug ihm entgegen!

Geistesgegenwärtig schloss Vater sofort wieder die Tür, um den Flammen keine Zugluft zuzuführen, weckte das Mädchen, holte mehrere Eimer Wasser, öffnete dann schnell und stürzte sich mit einem Eimer in der Hand in Richtung Herd. Rauchgeschwärzt schoss er wieder hinaus, ergriff aufs Neue einen Eimer und stürzte wieder hinein.

So gelang es ihm in verhältnismäßig kurzer Zeit, das Feuer, das durch herausfallende Glut entstanden war, zu löschen. Leider waren unsere sämtlichen Schuhe verbrannt, die am Herd zum Putzen bereitgestanden hatten.

Das Eigentümliche und Wunderbare aber an dieser Geschichte ist die Tatsache, dass Vater an diesem Morgen nach unruhigem Schlaf etwa eine Stunde früher als sonst aufgestanden war. Wäre er zur üblichen Zeit aufgestanden, so hätte das Feuer mit Sicherheit bereits die Wand neben der Küche durchbrochen – die Wand zu unserem damaligen Schlafzimmer! Sie war bereits glühend heiß. Wir waren uns einig: Hier hatte Gott ein Wunder getan.

ERFINDERPECH

Über diesem Kapitel sollte eigentlich die Überschrift stehen: Achtung, Hochspannung! Aber der Leser würde dann so viel Dramatik erwarten, dass ich ihn nicht enttäuschen will.

Gerald war das technische Genie der Familie. Von Kindheit an interessierte er sich für elektrische Leitungen und Feuerwerkskörper, und wenn man sich ihm näherte, wusste man nicht, ob er oder seine Umgebung geladen waren.

Vielleicht war es das Erbgut von unserem Großvater mütterlicherseits, das hier zum Tragen kam. Mutters Vater war nämlich ein berühmter Schweizer Ingenieur, der den Eiffelturm miterbaute und jahrelang Mitarbeiter Edisons war.

Dieser Großvater Eichenberger war ein Universalgenie. Er malte und dichtete, er konstruierte und erfand und war ein ewiger Globetrotter. Jahrelang zog er durch die Welt und wurde hierin nur von seinem Bruder Herrmann übertroffen, der dreißig Jahre lang als Kupferschmied durch Europa und Asien zog. (Er hat ein Buch über seine Erlebnisse geschrieben: „Von der Aare bis zur Wolga".) Wie alle Genies war Großvater ein eigenwilliger Kopf, und unsere Großmutter hatte es sicher nicht leicht mit ihm.

Einmal, Großvater weilte gerade in Afrika, war Großmutter das Geld ausgegangen. Hilfeflehend schrieb sie dem Weltenbummler einen Brief. Als Antwort kam zu Großmutters Entsetzen kein Geld, sondern nur eine Postkarte, auf der Großvater sich selbst porträtiert hatte: Seine beiden Anzugtaschen waren leer herausgestülpt – ein Bild ohne Worte!

Großvater war unwahrscheinlich gastfreundlich. Einmal kam er, die Taschen ausnahmsweise voller Geld, aus Amerika zurück, wo er gerade eine wichtige Erfindung verkauft hatte. Das Wiedersehen mit seiner geliebten Bergheimat überwältigte ihn so, dass er alle Reisenden in seinem Zug spontan zu einem großen Fest einlud. Weil die Menschen damals noch Zeit hatten, folgten die meisten seiner Einladung, wobei natürlich Großvaters ganzes Geld draufging – sehr zu Großmutters Leidwesen.

Mutters Schwester Blanche heiratete jenen Onkel Ernest, von dem ich, wie später berichtet wird, die Anzüge zu erben pflegte. Dieser Onkel Ernest war jahrelang Gouverneur in Belgisch-Kongo. Tante Blanche, die später ein Geschäft für Gobelins und Stickereien in ihrer Heimatstadt Genf eröffnete, verbrachte herrliche Jahre im damals noch wilden Afrika. Und es machte mächtigen Eindruck auf den Studenten Christian, als er bei einem Besuch in Genf ein Foto seiner Tante an der Wand entdeckte, auf dem diese in Reiterstiefeln und Bridgehosen als Großwildjägerin posierte.

Dieser Besuch in Genf kurz vor Ausbruch des Krieges hatte es überhaupt in sich.

Ich war damals zu einem kurzen Erholungsaufenthalt in Lugano gewesen. Dort erreichte mich die Nachricht, dass Großmutter schwer erkrankt sei. Ich entschloss mich daher, sofort nach Genf zu fahren, wo ich auch Mutter zu treffen hoffte.

Dies kam mir um so gelegener, als ich Tage zuvor, oh Schande, meine letzten Fränkli in der Spielbank verloren hatte. Ahnungslos war ich in dieses Institut geraten, hatte probeweise einen Franken gesetzt und zwanzig gewonnen. Na, dachte ich, das geht ja wunderbar und setzte noch einmal. Natürlich verlor ich – und als ich die Spielbank verließ, glich ich Großvater auf jener berühmten Karte.

In Genf traf ich Mutter, und die Freude auf beiden Seiten war groß. Als wir am nächsten Tag einen Spaziergang durch die Stadt machten, hielt Mutter vor einem großen Gebäude an und sagte geheimnisvoll: „Wenn du Vater nichts davon erzählst, will ich dir verraten, dass ich in diesem Haus, in dem früher eine Spielbank war, einmal als junges Mädchen mein ganzes Geld verspielt habe. Lass dir das eine Warnung sein, mein Junge!"

Unvergesslich bleibt mir der Besuch des Völkerbundpalastes mit Mutter und Tante Blanche. Tante Blanche, die sehr energisch war und eine scharfe Zunge besaß, führte uns mit spottlustigen Reden durch das Gebäude, was ihr umso leichter fiel, als viele der Delegierten Kunden ihres Geschäftes waren und teilweise bei ihr hoch in der Kreide standen.

Mutter, die mit diesen spöttischen Redensarten nicht einverstanden war, hielt sich immer vorsichtig im Hintergrund. Sie glaubte jeden Augenblick, dass wir verhaftet würden. Aber nichts dergleichen geschah. Auch nicht, als Blanche die Tür zu einem großen Sitzungssaal öffnete, sich gründlich und ohne Scheu vor den zahlreichen Delegierten umsah und dann laut sagte: „Ich habe noch nie so viele Esel in einem Stall gesehen!"

Ein Glück, dass niemand in unserer Familie diese Spottlust geerbt hat!

Doch zurück zu Gerald! Er reparierte die Wasserleitung in unserem Haus, er fertigte Lichtleitungen und Kurzschlüsse, und einmal setzte er beinahe die ganze Wohnung in Brand.

Sein neuestes Hobby war nämlich damals die Fotografie geworden, auch hier dem Vorbild Großvaters folgend, der verschiedene fotografische Geräte erfunden hatte.

Eines Tages wollte Gerald eine Großaufnahme der Familie machen. Er hatte uns im Esszimmer aufgebaut und begann mit den Vorbereitungen zu einer Monumentalaufnahme. Hierzu bediente er sich des schwärzlichen Blitzlichtpulvers, das er in einem Karton auf den Tisch gestellt hatte.

Da er mit der gruppengerechten Aufstellung der Großfamilie beschäftigt war, hatte er in der Hitze des Gefechts zuviel Blitzlichtpulver genommen.

Als er dann auf den Auslöser drückte, gab es eine ungeheure Explosion. Das Blitzlicht-Pulver sprühte durch den ganzen Raum, und es war noch ein Glück, dass Thomas beherzt die Magnesiumflamme löschte, die geradewegs in den Karton gefallen war.

Kohlrabenschwarz, mit versengten Wimpern und Brauen stand der erschrockene Meisterfotograf vor der ebenfalls rauchgeschwärzten Familie. Es war noch ein Glück, dass wir arme Leute waren, die sich keinen Perserteppich leisten konnten. Sonst wäre ein größerer Schaden zu beklagen gewesen.

Gerald reparierte auch unsere Uhren, wobei er gleichfalls bemerkenswerte Erfolge erzielte.

Die Wanduhr in unserem Esszimmer pflegte nämlich nach Geralds Reparatur so viel vorzugehen, dass kein Mensch wusste, wie spät es eigentlich war. Hinzu kam noch die Unsitte, dass mancher von uns die Uhr „sicherheitshalber" eine halbe Stunde vorzustellen pflegte, damit er rechtzeitig zur Schule kam. Das Ergebnis war, dass der Tageslauf der Familie völlig in Unordnung geriet.

Ich entsinne mich, dass sich die Familie einmal in stockdunkler Nacht am Frühstückstisch einfand im Glauben, es sei bereits Morgen. Als anhand des Kalenders festgestellt wurde, dass weder Sonnen- noch Mondfinsternis herrschte, ergab sich, dass es in Wahrheit erst drei Uhr morgens war – die Zeit, in der sogar Mutter zu schlafen pflegte …

Ich glaube, dass Sie nun eine lebendige Vorstellung von Geralds Wesen haben, sodass wir zu seinen Liebeseskapaden übergehen können.

Geralds erste Liebe war unsere Kusine Hilde, ein blond gelocktes Mädchen mit schwarzen Kulleraugen.

Hilde war eine Schönheit, und nicht nur Geralds Herz geriet durch sie in Aufruhr. Sie hatte noch zwei Schwestern, und alle drei waren in der Zeit nach dem ersten Weltkrieg monatelang mit ihrer Mutter zu Gast im Rosenhaus.

Die Kusinen waren nämlich wohlerzogen – ganz im Gegensatz zu uns – und wurden uns immer als Vorbild hingestellt. Sie sprachen perfekt französisch und pflegten sich niemals ohne Taschentuch die Nase zu putzen.

Aber, wie es so geht: Das Böse ist ansteckender als das Gute, und eines Tages holte die entsetzte Tante ihre Töchter wieder nach Hause, da diese mit Georg und Christian beim Kirschenstehlen in Nachbars Garten ertappt worden waren.

Geralds nächste „Liebe" war ein kleines Mädchen, das zu Besuch in unserem Dorf weilte. Er spielte mit ihr Murmeln und trug ihren Ranzen, er verprügelte den Bauernjungen Fritz, der das kleine Mädchen angeblich beleidigt hatte. Kurz: Er zeigte sich als Kavalier vom Scheitel bis zur Sohle.

Leider nahm auch diese „Liebe" ein jähes Ende. Geralds neueste Erfindung war nämlich eine äußerst raffiniert konstruierte Mausefalle, mit der er, wie er behauptete, sogar Ratten fangen konnte.

Er fing aber weder Maus noch Ratte, sondern den Zeigefinger seiner Angebeteten. Laut schreiend, die geniale Erfindung am blutigen Finger, lief sie zu ihrer Mutter, die wiederum entrüstet bei Vater aufkreuzte, der dem stolzen Erfinder die Lizenzgebühr mit dem Rohrstock entrichtete.

So war es ein Glück, dass der inzwischen zum Jüngling herangereifte Konstrukteur endlich seine gute Rosemarie kennen lernte, die heute alle Erfindungen ihres Gatten mit Fassung erträgt.

Es hat viele Jahre gedauert, bis Rosemarie und Gerald sich heiraten konnten, denn der schreckliche Krieg kam dazwischen. Gerald musste vom ersten Kriegstage an ins Feld und geriet gegen Ende des Krieges in amerikanische Gefangenschaft. Er hatte hierdurch Gelegenheit, das Land der unbegrenzten Möglichkeiten kennen zu lernen – und es ging ihm dort nicht schlecht.

Schlimmer war es, als er, aus der Gefangenschaft entlassen, in Marseille mit sämtlichen Kameraden vom Schiff geholt und in ein Bergwerk gesteckt wurde, wo er noch mehrere Jahre unter Tage arbeiten musste. Rosemarie wartete getreulich auf ihren Herzallerliebsten.

Der ganze Stolz der Familie ist heute Töchterchen Linda, das mit seinem fröhlichen Lachen das ganze Haus erhellt. Vor kurzem war Mutter, die bei Georg in Berlin lebt, bei Geralds Familie zu Besuch. Sie konnte sich nicht genug über das artige Kind wundern, denn ihre Kinder sind niemals so artig gewesen.

Lindas munteres Plaudern hat den Eltern schon viel Spaß, aber auch manche peinliche Situation bereitet. Fuhr doch neulich Rosemarie mit der kleinen Linda in der Straßenbahn. Tags zuvor hatte Vater Gerald die Kleine mit auf einen Radausflug genommen. Dabei waren sie in ein Dorf gekommen, wo ein Schild auf die dort herrschende Maul- und Klauenseuche hinwies. Gerald erklärte Linda, um welche Krankheit es sich hierbei handelte.

Als nun Rosemarie mit Linda in der Straßenbahn fuhr, da saß ihnen eine Dame gegenüber, deren Lippen und Fingernägel rot gefärbt waren. Und außer der Betroffenen ist wohl niemand ernst geblieben, als Linda mit glockenheller Stimme fragte: „Mutti, hat die Frau da drüben Maul- und Klauenseuche?"

Im vergangenen Jahr machte ich mit Linda einen Spaziergang durch den Zoo. Dabei konnte ich mich von Lindas guter Beobachtungsgabe und einer großen Treffsicherheit in der Ausrucksweise überzeugen. Es ist also zu hoffen, dass sie sich einmal zu einer bedeutenden Schriftstellerin entwickelt!

Bei den Elefanten fragte sie zum Beispiel, wie groß das Taschentuch sei, das diese benutzten. Bei den Krokodilen befürchtete sie, dass diese sich doch bestimmt erkälten, wenn sie immer auf dem Bauch kriechen müssten. Bei den Giraffen stellte sie eine große Ähnlichkeit zu ihrer Tante Erna fest; und bei dem Walross rief sie entzückt: „Guten Tag, Onkel Eduard!"

Ich zog es unter diesen Umständen vor, das Affenhaus lieber nicht zu besuchen. Am Ende hätte das aufgeweckte Kind noch Ähnlichkeiten zu mir entdeckt!

EVA

Eva verkörperte das ewig Weibliche in der Familie. Und die Temperatur des Mäckarsees stieg um mindestens drei Grad an, wenn ihr gertenschlanker Körper spritzerlos den Wasserspiegel zerteilte.

Das hing nicht mit Evas unbestrittenem Temperament zusammen, sondern damit, dass unser Schwimmlehrer Fritz, der wie alle Schwimmlehrer sonst selten im Wasser zu finden war, ihr unverzüglich nachsprang.

Fritzens Herz war nämlich derart in Liebe zu der schönen Eva entbrannt, dass man, wenn er ihr nachschwamm, an der Stelle, an der auch bei Schwimmlehrern das Herz zu sitzen pflegt, einen dunkelroten Fleck im Wasser zu sehen meinte.

Als ich Fritz viele Jahre später gerade an Evas Geburtstag zufällig wiedertraf, war es bezeichnend, dass Fritz sofort schwärmerisch sagte: „Weißt du, dass Eva heute Geburtstag hat?"

Ebenso bezeichnend war es, dass ich den Geburtstag, wie es bei herzlosen Brüdern der Fall zu sein pflegt, verschwitzt hatte. Gemeinsam schrieben wir Eva eine Ansichtskarte.

Als Fritz unterschreiben sollte, sagte er schüchtern: „Du, Eva ist doch jetzt verheiratet. Wie soll ich denn unterschreiben?"

Ich schlug ihm die Bezeichnung „Trainer" vor

und hoffe, dass Evas beleibter Gatte Oskar nichts gegen diese Bezeichnung einzuwenden hatte.

Am Mäckarsee pflegte Eva an schönen Sommerabenden mit besagtem Schwimmlehrer zu lustwandeln. Der Mond hing wie eine Zitrone über dem dunklen See, die Sprossen schlugen im Weidengebüsch, und die Kiefern rauschten geheimnisvoll.

Ihre Liebe endete, als Evas Schulzeit vorüber war und sie für ihr Musikstudium in die Großstadt entschwand. Dort lernte Eva ihren heutigen Ehemann Oskar kennen, der allerdings damals keineswegs gleich als ihr Erwählter bezeichnet werden konnte.

Oskar hatte seinerzeit lediglich die Aufgabe, Eva bei ihren mannigfachen Verabredungen zu begleiten und im übrigen die Aktenmappe zu tragen. Getreulich und in unerschütterlichem Gleichmut machte Oskar Evas Abenteuer mit. An seiner Brust weinte sie sich aus, wenn wieder einmal etwas schief gegangen war, und Oskar holte in der Regel für sie die Kastanien aus dem Feuer.

Es dauerte lange, bis Eva merkte, dass sie keinen treueren Freund hatte und niemanden auf der Welt mehr liebte als ihren Oskar.

Zuvor entbrannte sie aber noch einmal in Liebe zu einem wackeren Vikar, der durch seinen Bibelwurf kirchengeschichtliche Bedeutung erlangte.

Dieser Vikar bereitete sich unter Vaters Leitung auf das zweite theologische Examen vor. (Vielleicht kennen Sie ihn schon. Es war jener Vikar, der nur mit

Mühe den Hörnern eines wütenden Wisents entging, wie ich es im ersten Band der „Orgelpfeifen" berichtet habe.)

Eines Sonntags vertrat also jener Vikar Vater im Gottesdienst. Dem Beispiel seines Lehrmeisters folgend, hatte er seine Predigt bereits auf die Länge einer vollen Stunde ausgedehnt. Da bemerkte er, wie ein junges Mädchen zu Füßen der Kanzel sanft entschlummert war. Kurz entschlossen und ohne seine Predigt zu unterbrechen, nahm der erzürnte Vikar das Wort Gottes und warf es in wohlgezieltem Schwung der Schläferin an den Kopf. Sie ist seitdem nie wieder in der Kirche eingeschlafen.

Der Vikar bestand sein Examen mit Glanz und Gloria und entschwand. Wir haben nie wieder etwas von ihm gehört, auch Eva nicht.

Evas Hochzeit im Rosenhaus war ein ganz besonderes Ereignis. Oskar war damals Soldat und erschien im Ruhm der neuen Leutnantswürde. Die Braut mit Kranz und Schleier zerfloss vor Glück und Rührung, und alle Hochzeitsgäste – es waren mehrere Dutzend – zerflossen mit.

Es war ein wunderschönes Bild, wie der Hochzeitszug dem kleinen Kirchlein auf der Höhe zustrebte, voran drei kleine Mädchen, eifrig Rosen streuend, dann Vater im Talar und mit Barett, das weiße Beffchen frisch gestärkt, dahinter das glückstrahlende Brautpaar.

Mit etwas Abstand folgten die Eltern des Bräutigams, Mutter an meinem Arm und dann die Geschwister und Hochzeitsgäste mit ihren Begleitern. Aus allen Fenstern winkten fröhliche Menschen, die Lerchen stiegen jubilierend in die blaue Frühlingsluft, und die Finken schmetterten ihr Lied.

Ebenso hell schmetterte nach der Trauung der Familienposaunenchor, und natürlich kam auch das leibliche Wohl nicht zu kurz.

Spät in der Nacht erlaubte Vater gnädigerweise, dass auch ein wenig getanzt werden durfte, und es stellte sich heraus, dass Mutter eine vorzügliche Walzertänzerin war, die bemerkenswerte Ausdauer zutage legte.

Die Hochzeitsreise führte direkt in das neue Heim nach Berlin, denn diese Stadt war nach Oskars Ansicht die schönste auf der weiten Welt.

Als Eva und Oskar später einmal bei mir zu Gast waren (ich wohnte damals in einem stillen, kleinen Städtchen), lehnte sich Oskar oft traurig aus meinem Fenster. Ich wusste nicht, was ihn bedrückte. Das wurde mir erst am Sonntag klar, als lebhafter Omnibus- und Autoverkehr das sonst so ruhige Städtchen heimsuchte. Da blickte Oskar nämlich mit verklärten Augen aus dem Fenster, und seufzte sehnsüchtig: „Janz wie am Potsdamer Platz!"

Da Familiennachwuchs in Evas Ehe zunächst ausblieb, schafften sich beide einen Hund an, der auf den Namen „Lady" hörte. Dieser Hund war ihr Ein und Alles; man konnte wahrlich von einer „Ein-hundsehe" sprechen. Lady war, wie schon der Name sagt, eine Hundedame und benahm sich entsprechend vornehm.

Da sie selbst noch keinen Nachwuchs hatten, waren Eva und Oskar der Ansicht, dass auch Lady dessen nicht bedurfte. Eva hatte daher ein Höschen für Lady gestrickt, das sie vor allen Nachstellungen böser und verantwortungsloser Hundejünglinge schützen sollte.

Lady trug dieses Höschen und ihr schweres Schicksal mit Fassung – bis, ja bis zu jenem denkwürdigen Urlaub in Bayern, bei dem Lady ihr Schicksal ereilte. Die bayrischen Hunde zeigten nämlich keinerlei Respekt vor Ladys ach so gut gemeinter Bekleidung, und eines Tages erschien die Hundedame mit völlig zerrissener Hose im Hotel. Und wenige Monate später lagen fünf niedliche Ladyleins im Körbchen.

Nun ließen sich auch Eva und Oskar nicht lumpen, und bald krähte der Stammhalter der Familie in der bunten Bauernwiege.

Eines Tages hatte Oskar den Auftrag erhalten, mit dem inzwischen schon Zweijährigen einen Spaziergang zu machen. Vater und Sohn zogen daraufhin in den Grunewald und setzten sich in ein Gartenlokal.

Sei es, dass diesem der „Weiße mit Schuss" nicht bekommen war, sei es, dass er seinen Vater nicht beim gemeinsamen Schoppen stören wollte … nach

einiger Zeit ließ es sich jedenfalls nicht mehr ver-
heimlichen: Der Sprössling hatte sich in die Hosen
gemacht, und zwar gründlich. Wie gut, dass man im
Freien saß und nur wenige Gäste das Lokal bevöl-
kerten, sonst wäre es vielleicht zu einer Panik
gekommen.

So aber befahl Oskar, der sich in seinem Umtrunk
nicht stören lassen wollte, dem Sprössling gelassen,
auf seinem Sitze auszuharren, und bestellte bei dem
erstaunten Ober zehn „Weiße mit Schuss". Dem
Nichtberliner sei verraten, dass es sich bei diesem
Getränk um ein großes Glas Weißbier mit Himbeer-
saft handelt.

Die zehn Weißbiergläser wurden auf dem Tisch
aufgebaut, und als der Ober wieder im Lokal verschwunden war, goss Oskar kurzerhand ein Glas
nach dem anderen dem erschauernden Sprössling
hinterrücks in die Lederhose.

Diese Bierspülung erfüllte ihren Zweck. Wohl
gereinigt, nur kräftig nach Weißbier duftend,
erschien Oskar mit seinem Sprössling wieder
daheim.

Wie alle jungen Hausfrauen mit einem Kind hatte
Eva nun mehr zu tun als ein vielbeschäftigter
Rechtsanwalt – jedenfalls erschien es ihr so! Und so
wurde beschlossen, ein Mädchen vom Lande zu
engagieren.

Das Mädchen kam. Sie trug den schönen Namen
Katharina und zeichnete sich durch hingebungsvolle

Treue aus, was durch eine gehörige Portion Dummheit ausgeglichen wurde. Beim Servieren pflegte sie Eva die Soße in den Ausschnitt zu kippen, die Schwedenplatte landete regelmäßig auf Oskars Haupthaar, und die Zahl der von ihr zerbrochenen Teller und Tassen war Legion.

Um ihren Bildungsstand zu heben, schickte Eva sie ins Theater. Zu ihrem Erstaunen war Katharina aber schon nach einer halben Stunde wieder zurück. Sie war des Theaters verwiesen worden, weil sie das Stück für bare Münze genommen und sich mit derben Zwischenrufen zu Wort gemeldet hatte.

Ein andermal, als Eva sie in die Oper schickte, erschien sie ebenfalls nach kurzer Zeit wieder. Sie hatte das Stimmen der Instrumente bereits für die Oper gehalten und erklärte, sie mache sich nichts aus solcher Katzenmusik.

Als Eva dann eines Tages noch ein ziemlich unbekleidetes männliches Wesen in Katharinas Kleiderschrank entdeckte, flog sie in hohem Bogen auf die Straße und wanderte reumütig zurück aufs Land. Dort erzählte sie den staunenden Dorfbewohnern von ihren schrecklichen Erfahrungen in der Großstadt.

Oskars Treue zu seiner Frau wurde erneut auf eine harte Probe gestellt, als Eva einige Wochen an einem Blasenleiden erkrankt war. Dieses Leiden führte dazu, dass Eva häufiger als üblich ein gewisses Örtchen aufsuchen musste.

Meist war es schon äußerst dringend, wenn Eva ein inneres Rühren verspürte, und der treue Oskar musste eifrig nach Gelegenheiten ausspähen, die Evas Zustand Rechnung trugen. Sie können sich vorstellen, dass das in einer Großstadt nicht einfach ist. Oft blieb als letzte Rettung einfach nur das nächste Telefonhäuschen.

Aber Oskar bestand auch diese Probe. Dafür hatte er ja auch einen Schatz im Hause, der ihm den Besuch von Konzerten weitgehend ersparte.

Saß Eva am Flügel, dann versank die Welt um das junge Paar, und die Wellen der Musik trugen sie weit hinaus auf das Meer der Sehnsucht und der Liebe. Dazu sang Eva mit ihrer schönen dunklen Stimme die unsterblichen Lieder der Romantik. Schubert und Schumann, Brahms und Beethoven waren dann zu Gast in ihrem Heim, und beide waren glücklich.

Als viele Jahre später noch ein Töchterlein dem Stammhalter folgte, war ihr Glück vollkommen.

Schweres hatte Eva allerdings durchzumachen, als sie im Osten Deutschlands vom Ende des Krieges überrascht wurde. Auf einem Schiff versteckt, verbarg sie sich tagelang mit ihrem Kind vor der wütenden Soldateska und fand erst nach Monaten, auf beschwerlichen Nachtwegen wandernd, ihren geliebten Oskar wieder.

Aber heute sind auch diese bösen Tage vergessen, und Eva und Oskar sind vielleicht das zufriedenste Paar unserer großen Familie.

Die Füsse im Schnee

Gleiches Recht für alle! Niemand möge dem Autor vorwerfen, er leuchte in die Liebesgeschichten seiner Geschwister hinein und verschweige schamhaft seine eigenen Erlebnisse ... Dies umso mehr, als vielleicht die Leser bei dem „enfant terrible" der Familie Ryke besondere Erwartungen hegen. *Was* der Autor allerdings von sich erzählt, nun, das bleibt ihm überlassen.

Fangen wir also an!

Meine erste Liebe (vielen aus dem ersten Band der „Orgelpfeifen" bekannt) hieß Lotte, war wohlparfümiert und trug rote Rosen im Haar.

Die zweite Liebe, soweit man dabei von Liebe reden kann, hieß Agnes und war eine vorzügliche Tennisspielerin. Mit ihr pflegte der Sekundaner Christian die Wälder seiner Heimat zu durchstreifen, vor allem morgens bei Sonnenaufgang.

Davon ahnte der strenge Herr Vater nichts. Er wusste nur, dass sein Sohn Christian ein begeisterter Amateurfotograf war, der sich stets bemühte, die unvergänglichen Naturschönheiten seiner Heimat im Bilde festzuhalten.

Die Geschwister waren natürlich eingeweiht. Aber sie hielten eisern dicht, wenn Vater den faulen Füchsen morgens im Bett eine Standpauke hielt – und den naturverbundenen Christian als leuchtendes Beispiel für frühes Aufstehen hinstellte.

Derweil schwamm ich mit meiner Agnes irgendwo in einem grünen Waldsee, briet ohne Angelschein gefischte Forellen auf glühenden Holzkohlen und tauschte auch so manchen zärtlichen Kuss mit meiner Angebeteten.

Unvergesslich ist mir ein anderthalbstündiger Marsch in Damenschuhen von einem weit entfernt gelegenen Waldlokal zurück zum heimischen Herd geblieben. Agnes und ich hatten nämlich in diesem Lokal bis weit nach Mitternacht getanzt, so dass ihr auf dem Heimweg durch den sandigen Wald in ihren hohen Stöckelschuhen die Füße schmerzten. Hilfsbereit wie ich war, tauschte ich kurzerhand mit ihr die Schuhe – und stakte mühselig durch den Wald. Noch mehrere Tage später zeugten dicke Blasen an meinen sportlich trainierten Füßen von der ungewohnten Strapaze.

Das Idyll mit Agnes nahm ein jähes Ende, als Gisela auftauchte, die Krone der Schöpfung.

Wie Sie wissen, war ich bereits als Zehnjähriger auf eine altberühmte Fürstenschule gekommen. Dort fristete ich in der mönchischen Klausur eines preußischen Internats mein kärgliches Dasein.

Daher schlug es wie ein Blitz in mein leicht entflammbares Herz, als ich eines Tages das Mädchen Gisela mit brandroter Schleife im Haar auf einem feudalen Roller an mir vorbeiflitzen sah. Offenen Mundes blieb ich stehen und betrachtete voller Staunen das hübsche Mädchen, das auf einem so eleganten Gefährt seine Kreise zog. Dennoch dauerte es fast sieben Jahre, bis die große Liebe zu diesem Mädchen im Herzen des Primaners Christian erglühte.

Die Fürstenschule hatte einen neuen Direktor erhalten, der offen für modernes Gedankengut war. So wurde für die Herren Primaner alle vierzehn Tage ein Tanztee arrangiert, zu dem die Schönen des kleinen, mauerumwehrten Städtchens eingeladen wurden. Darunter war auch Gisela.

Der erste Tango bleibt mir unvergessen. Er hatte den schönen Titel „O Donna Klara"! Bei den Klängen dieses südamerikanischen Tanzes deutscher Erfindung schwebte ich stolz mit dem hübschen Mädchen Gisela über das Parkett und gewann bei einem Preistanzen mit ihr den ersten Preis, eine Flasche Parfüm und ein Kistchen Seife.

Nicht nur aus diesem Grund erhöhte sich von jenem Tage an mein Seifenverbrauch. Nein, ich glaube, die Liebe zu Gisela war der eigentliche Anlass für das bisher nicht bekannte Reinlichkeitsbedürfnis. Kopfschüttelnd beobachtete der Heiminspektor meinen außerordentlichen Verschleiß an Toilettenartikeln, Pomaden und Mundwässern.

Das Geld hierfür beschaffte ich mir auf beinahe strafbar zu nennende Weise: Während ich zuvor meinen Eltern nur selten eine Nachricht über meine schulischen Erfolge und Misserfolge zukommen ließ, wuchsen nunmehr meine Portospesen ins Unermessliche. Ja ich schickte sogar Pakete bis zu zehn

Kilo Gewicht nach Hause – oder vielmehr ich kassierte das Geld hierfür. Dass die Pakete ausnahmslos mit Sand gefüllt waren und auf dem Weg zum Postamt an verschwiegenen Orten entleert wurden, sei nur am Rande vermerkt.

Darüber hinaus wusste ich mir aber auch noch andere Einnahmequellen zu verschaffen. Obwohl ich bis dahin ein höchstens mittelmäßiger Schüler gewesen war, besaß ich die Frechheit, zu meinem Klassenlehrer zu gehen und ihn um einen Schüler zu bitten, dem ich Nachhilfeunterricht erteilen könne.

Nur zögernd stimmte der Klassenlehrer diesem Wunsche zu – in der Hoffnung, dass der Primaner Christian auf diese Weise wenigstens das Quartanerpensum erlernen möge.

Und so geschah es! Mein Schüler, der Quartaner Klauenflügel, erlebte nun die schwersten Stunden seines jungen Lebens. Denn einen härteren und unerbittlicheren Lehrer hat er wohl nie zuvor oder nachdem gehabt.

Da ich für jede Stunde des Nachhilfeunterrichts eine gute deutsche Reichsmark erhielt, pflegte ich dem stöhnenden und nur widerwillig gehorchenden Quartaner bis zu fünf Stunden Unterricht täglich zu erteilen. Das befreite mich zwar von allen Finanznöten, bürdete den schwer geprüften Eltern jedoch erhebliche Lasten auf!

Nur der überraschende Unterrichtserfolg meines Schülers bewahrte mich wohl vor fristloser Entlassung.

Durch diese mehr oder weniger legalen Einnahmequellen war ich natürlich in der Lage, der Dame meines Herzens gewaltig zu imponieren. Jedoch muss meine Liebesglut sich in kaufmännischen Grenzen gehalten haben, denn ich erinnere mich, von diesem Geld nicht nur Apfelkuchen und Schlagsahne gekauft zu haben, sondern auch ein schönes, kupfereingelegtes Flügelhorn, ein Paar blitzende Kunstlaufschlittschuhe und ein Paar herrliche Eschenskier.

Schwierig war es für mich aber immer noch, meine Gisela zu sehen. Die strenge Schulklausur ermöglichte es, nur abends über den Zaun zu entwischen, verfolgt vom wütenden Gekläff des Bastards Fiffi, der in Diensten des Nachtwächters Nieselpriem stand. Giselas Eltern hatten eine Villa schräg gegenüber der Schule. Am Zaun dieser Villa stand Gisela nun Abend für Abend und wartete auf ihren Verehrer.

Es war ein bleicher Winterabend. Der Schnee lag hoch, und über die Eisdecke des nahen Sees fegte ein scharfer Ostwind. Die Sterne waren im milchigen Grau ertrunken. Von fern her kläfften die Hunde.

Als ich wie immer abends über den Zaun entwischen wollte, ereilte mich mein Schicksal in Gestalt des Professors Nackespick, der mich am Hosenboden ergriff und in den Bereich des Internats zurückbeförderte. Der Ausbruchsversuch war somit im Keime erstickt. Ich wurde dem Heiminspektor zur

Verwahrung übergeben. Doch wer verliebt ist, lässt sich von solchen Maßnahmen nicht zurückhalten. So war es auch bei dem Primaner Christian.

Nachdem ich mich scheinheilig ins Schlafgemach zurückgezogen hatte, wo der Herr Inspektor mich sicher wähnte, öffnete ich den mit einer Glasscheibe versehenen Schlüsselkasten, in dem sich der Hausschlüssel für den Fall einer Feuersbrunst befand. Nun, eine solche lag hier sicher vor, denn eine Feuersbrunst ist von der Glut einer jungen Liebe gar nicht so weit entfernt. Mir gelang es somit, nach zwei Stunden erneut in die Freiheit zu entkommen.

Von Sehnsucht getrieben, erreichte ich den schwiegerväterlichen Zaun. Was musste ich dort sehen? Im kniehohen Schnee stand unbeweglich Gisela und wartete auf mich – die Wangen erblasst, die Füße erfroren.

Nimmt es da wunder, dass ich die vor Kälte und Liebe Schluchzende unverzüglich in die Arme nahm und in ihre Dachkammer trug, wo ich die eiskalten Füße mit tausend Küssen und einer heißen Wärmflasche bedeckte?

Ich war jedenfalls über diesen Liebesbeweis so gerührt, dass ich mich noch am selben Abend mit Gisela verlobte.

Klar, dass keiner von diesem Verlöbnis etwas wusste. Es war eine ganz geheime Angelegenheit, aber wie alle geheimen Angelegenheiten äußerst spannend.

Als ich später in einer Stadt an der Küste studierte,

besuchte Gisela mich des öfteren. Ich gehörte einem akademischen Segelverein an, der das Hochseeangeln auf seine Fahne geschrieben hatte. Sturmfahrten nach Kopenhagen oder sogar bis Haparanda waren keine Seltenheit.

Als Gast des Stiftungsfestes dieser Vereinigung segelte eine Crew junger Leute eines schönen Sommertages aufs Meer hinaus. Die See war blau wie ein Türkis, der Himmel wolkenlos. Das geräumige Segelboot, ein früherer Fischkutter, fuhr unter vollem Segel hart am Winde, so dass die weiße Gischt hochspritzte.

Gisela stand aufrecht an den Mast gelehnt – zweifellos war sie der attraktive Blickfang an Bord. Ich genoss die rückhaltlose Bewunderung meiner Kommilitonen.

Der Genuss dauerte jedoch nur kurze Zeit. Gisela wurde blasser und blasser und sprach kein Sterbenswörtlein mehr. Längst war sie vom Mast verschwunden und blickte mit grüngetönten Wangen in die offene See. Als ihr der Rudergänger Pupke gar noch ein heilsames Mittel gegen Seekrankheit empfahl, nämlich zwölf Stückchen Speck an eine Schnur zu binden, diese Schnur hinunterzuschlucken und dann auf- und abzuziehen, war es mit der Fassung des schönen Mädchens vorbei. Weit über die Reeling gelehnt opferte sie Poseidon, dem Gotte des Meeres. Und als wir wieder an Land gekommen waren, schwor sie, nie wieder die schwankenden Planken eines Segelbootes zu betreten.

In den Sommerferien rief Giselas Vater den angehenden Schwiegersohn zu sich. Er machte mich darauf aufmerksam, dass an eine Verbindung mit seiner Tochter nicht zu denken sei, wenn ich weiterhin solch ein Faulenzerleben führe.

Zerknirscht musste ich zugeben, dass ich nicht nur durch das Zwischenexamen gefallen war, sondern selbst auch wenig Hoffnung hatte, jemals bürgerliche Ehrenämter zu erwerben.

Diese deprimierende Haltung war verständlich. Erst vor kurzem hatte ich in meiner Universitätsstadt Besuch von meinem Vater erhalten, der sich nach den Studienerfolgen seines Sohnes erkundigen wollte. Als Vater und Sohn das ehrwürdige Universitätsgebäude erreichten, war das Hauptportal merkwürdigerweise verschlossen. Das kam mir schon verdächtig vor. Aber der gestrenge Vater ging der Sache auf den Grund.

Es stellte sich heraus, dass bereits seit sechs Wochen Semesterferien waren, ohne dass ich eifriger Student das bemerkt hätte. Das Donnerwetter meines Vaters läutet mir noch heute in den Ohren.

Und doch: Wie schmerzlich empfand ich es, als Giselas Briefe kurze Zeit darauf immer spärlicher kamen und schließlich ganz versiegten.

Als ich schließlich erfuhr, dass meine Angebetete einen wohlsituierten Amtsgerichtsrat geheiratet hatte, kannte meine Qual keine Grenzen. Lange Zeit überlegte ich, ob ich Veronal nehmen sollte oder in eine andere Universitätsstadt wechseln – und entschied mich schließlich für das Letztere. Hier widmete ich mich mit Feuereifer meinen Studien und bestand – oh Wunder – zur vorgeschriebenen Zeit alle Examina.

Wenige Jahre später überquerte ich als wohlbestallter Assessor den Marktplatz der kleinen Stadt, in der er einst die Schulbank und das Mädchen Gisela gedrückt hatte. Und siehe da, die erste Frau, die mir begegnete, war ... Frau Amtsgerichtsrat Gisela, zwei muntere Kinder an der Hand. Man begrüßte sich etwas beklommen, schwatzte von vergangenen Zeiten und ging dann wieder seiner Wege.

„Tempora mutantur, et nos mutamur in illis", sagte der Lateiner. Zu Deutsch: „Die Zeiten ändern sich, und wir ändern uns mit ihnen."

Aber unberührt vom Wechsel der Zeiten bleibt mir jener Winterabend im Gedächtnis, als ein blasses Mädchen mit weißem Näschen und erfrorenen Füßen auf ihren Herzallerliebsten wartete.

Lassen Sie mich noch ein wenig aus meiner Tanzstundenzeit plaudern!

Da war zum Beispiel die Geschichte mit „Bär", der herben Schönheit! „Bär" war der Spitzname eines strohblonden Landmädchens, dessen Vater ein Gut in der Nähe des Schulstädtchens gepachtet hatte. Sie wurde mir als Tanzstundendame zugeteilt, was meinem zutiefst bäuerlichen Herzen durchaus nicht unangenehm war.

„Bär" war frisch und gesund wie ein Borsdorfer Apfel und hatte Augen wie grüne Marmelsteine, in Süddeutschland auch „Klicker" oder „Schusseln" genannt. Sie war nicht unbedingt eine gute Tänzerin, aber mein sportlich gestählter Arm führte sie dennoch sicher über das Parkett, dirigiert vom rhythmischen Händeklatschen und den lauten Zurufen der Tanzstundenlehrerin Madame Stockfisch. Es war auch nicht „Bärs" Verschulden, wenn ich mir in dieser Zeit drei Paar neue Schuhe kaufen musste.

Eines Abends nach der Tanzstunde hatte ich mich mit ihr verabredet, wobei sie gleich erklärt hatte, sie würde etwa eine Stunde nach Beendigung der Tanzstunde von ihrem Vater abgeholt.

Ich wartete an einer dunklen Ecke auf „Bär", damit die Meute der Kameraden nichts von meinem Rendezvous mitbekam. „Bär" erschien pünktlich, aber nicht allein. Sie war in Begleitung eines gut aussehenden Herrn, in dem ich natürlich sofort einen Nebenbuhler witterte. Entsprechend reserviert begrüßte ich ihn.

„Bär" sprach kein Wort, und so wandelte man zu dritt schweigsam durch die Straßen und Gässchen der kleinen Stadt.

An der Magdalenchenkonditorei machten wir Halt, und der gut aussehende Herr schlug vor, dass wir doch noch ein Tässchen Kaffee trinken könnten. Kühl stimmte ich zu – weniger weil ich echten Kaffeedurst verspürte, sondern um meiner Tanzpartnerin nicht

Gelegenheit zu geben, mit dem Rivalen allein zu sein. So kam auch in der Konditorei kein Gespräche auf.

Plötzlich blickte ich erschrocken auf die Uhr, denn ich hatte bemerkt, dass es höchste Zeit war, ins Schulgebäude zurückzukehren. Erbittert über den verpatzten Abend stieß ich wütend hervor: „Na, weißt du, Bär, wenigstens hätte dein Vater, der alte Esel, rechtzeitig kommen können!"

Rot wie eine Tomate wies „Bär" stumm mit der Hand auf den gut aussehenden Herrn.

Dieser erhob sich lächelnd und sagte: „Gestatten Sie, dass der alte Esel sich vorstellt? Ich bin der Vater!"

Bis heute ist mir nicht mehr ganz klar, wie ich das Freie gewann. Auf jeden Fall stürzte ich, wie von der Tarantel gestochen, aus der Konditorei und ward nicht mehr gesehen.

„Bär" hat mich seit diesem Tage nicht mehr angeblickt.

Ja, ich hatte offenbar viel Pech in der Liebe. Aber wie man sieht, war ich meistens selber Schuld daran. Auch als Student erging es mir nicht anders.

Nachdem die Sache mit Gisela zu Ende gegangen war, wollte ich eigentlich vom weiblichen Geschlecht nichts mehr wissen. Ich gab mich eifrig meinen Studien hin, und nur der Sport verschaffte mir Ausgleich für die entgangenen Wonnen der Liebe.

Hin und wieder ging ich auch zum Tanz – aber nicht der Mädchen wegen, sondern nur um die auf der Schule erworbene Meisterschaft im Tangotanzen nicht einrosten zu lassen. Hierbei spielte ich gern den Märchenprinzen.

Ich hatte das Glück, einen reichen Onkel in der Schweiz zu haben, der mir zwar kein Geld schickte, aber seine abgelegten Anzüge und Hemden. Diese waren an Eleganz nicht zu übertreffen. So hielt jeder den feschen Studenten, der in Wahrheit nur einen winzigen Monatswechsel bekam und im Übrigen sein Studium durch Nachhilfe und Werkarbeit finanzierte, für einen Krösus. Auch dem Mädchen Hertha erging es nicht anders.

Ich wohnte damals aus Sparsamkeitsgründen in einem kleinen Dörfchen, das durch einen breiten Fluss von der Universitätsstadt getrennt war. Die tägliche Fahrt mit der Fähre machte einem wasser- und kummergewohnten Studenten nichts aus. Ein Nachteil war lediglich, dass die Fähre nur bis zehn Uhr abends in Betrieb war, so dass sich nach jedem Tanzvergnügen Schwierigkeiten mit dem Heimweg ergaben.

Als kühner Schwimmer löste ich jedoch dies Problem auf einfache Art. Ich hatte nämlich für alle Fälle stets eine Badehose an, und wenn ich die Fähre nicht mehr erwischte, zog ich die Kleider aus, band sie zu einem Knäuel zusammen, umwand sie mit meinem Gürtel, und hocherhobenen Armes, das Kleiderbündel aus dem Wasser gereckt, schwamm ich auf dem Rücken über den Fluss.

So geschah es auch nach einem Tanzabend mit Hertha, der braven Handwerkertochter.

Selig war Hertha mit ihrem Märchenprinzen über das Parkett geschwebt. Um die Illusion des Mädchens nicht zu zerstören, hatte ich an diesem Abend meinen gesamten Monatswechsel auf den Kopf gehauen. Anschließend brachte ich Hertha bis an die elterliche Haustür.

Offenbar hatte Hertha wenigstens einen zärtlichen Kuss zum Abschied erwartet. Aber der Märchenprinz, der vom Tanzen sehr müde war, dachte nur daran, ob er seine Fähre noch erreichen würde, und achtete nicht auf die zärtlichen Absichten des Mädchens. Vor der Haustür angekommen, verabschiedete ich mich kurz und förmlich und hörte nur noch im Davonstürmen, wie Hertha mir einen volkstümlichen Ausdruck nachrief, der an Klarheit nichts zu wünschen übrig ließ.

Natürlich war die letzte Fähre längst entschwunden. Zähneknirschend entledigte ich mich in gewohnter Weise meiner Kleider und stieg ins teerduftende, kühle Wasser.

Als ich – das Kleiderbündel hochgereckt – die Mitte des Stromes erreicht hatte, fühlte ich, wie meine Kräfte nachließen. Überdies war ein Gewitter aufgezogen, und zuckende Blitze erhellten den Horizont.

Eine Weile lag ich bewegungslos auf dem Rücken. Ich nahm das Kleidungsbündel in die andere Hand und spähte zum fernen Ufer hinüber. Kein Boot weit und breit. Das Gewitter zog näher und näher, die ersten Donnerschläge krachten bereits. Ein starker

Wind hatte sich erhoben und trieb kurze, scharfe Wellenkämme vor sich her. Ich merkte, dass die Situation ernst wurde.

Zu allem Unglück erinnerte ich mich in diesem Augenblick auch noch meiner musikalischen Begabung und begann, mir Mut zuzupfeifen. Dass mir in diesem Augenblick nur das Lied „Morgenrot, Morgenrot, leuchtest mir zum frühen Tod" einfiel, mag verständlich erscheinen. Ich wurde durch dieses Lied keineswegs angefeuert.

Als die Wellen immer höher schlugen und der Arm immer müder wurde, ließ ich kurz entschlossen das Bündel mit Onkel Ernests prächtigen Kleidern lautlos in den Fluten versinken und schwamm befreit dem rettenden Ufer zu, das ich völlig erschöpft erreichte.

Noch ein anderes Mal hatte ich Pech in der Liebe.

Entgegen dem eisernen Gesetz meiner Schule, die seit ihrer Gründungszeit vor über dreihundert Jahren nur Schüler männlichen Geschlechts in ihren Mauern beherbergte, hatten drei Lehrer der Schule durch einen Sondererlass des Ministers erreicht, dass ihre Töchter als Gastschülerinnen das Gymnasium besuchen durften. Alle drei kamen in meine Klasse und erwiesen sich als gute Kameraden, die alle Schandtaten getreulich mitmachten oder deckten.

Ich war damals sehr gut im Deutschen und hatte ein Stipendium zu den Schillerfestspielen in Weimar erhalten. Hier verliebte ich mich in Professor Nackenpicks Tochter, die ebenfalls mit ihrem Vater die Festspiele besuchte. Hand in Hand wandelten Lore und ich durch den Tiefurter Park, beäugten neugierig Goethes Liebesnest, sprich: Gartenhaus, und stiegen erschauernd in die Fürstengruft hinab, in der die Gewaltigen des Gebietes aufgebahrt liegen.

Angeregt durch diese Festspiele wurde in der Schule eine Aufführung des „Prinzen von Homburg" inszeniert, die allen Beteiligten unvergesslich geblieben sein dürfte. Zwar war mir nur eine unbedeutende Statistenrolle zugewiesen worden, aber Lore spielte die Rolle der Prinzessin Natalie, was meine Bewunderung natürlich ins Unermessliche steigerte.

Der Tag der Aufführung kam. Der Zuschauerraum war bis auf den letzten Platz gefüllt. In der ersten Reihe saß das Lehrerkollegium, darunter Lores Vater, Professor Nackenpick.

Der Vorhang ging auf. Das Stück Heinrich von Kleists, das von preußischer Treue und Pflichterfüllung handelte, nahm seinen Lauf. Alles schien gut zu gehen. Da kam die Szene, in der der Prinz von Homburg vor der Kurfürstin und Prinzessin Natalie kniet und einen gewaltigen Monolog vom Stapel lassen soll.

Mein Freund Edgar, der die Rolle des Prinzen spielte, blieb aber leider gerade an dieser Stelle stecken. Mit hocherhobener Hand kniete er sprachlos vor den erlauchten Damen. Tödliche Stille.

Hinter den Kulissen hörte man aufgeregtes Flüstern. Im Souffleurkasten, in dem der Knabe Ulrich saß, blieb alles still. Ulrich hatte nämlich die unangenehme Eigenschaft, da er den Text des Stückes längst auswendig zu kennen glaubte, sich nebenbei der Lektüre Frank Allans, des Rächers der Enterbten, hinzugeben.

Als der Prinz nun stecken blieb, hatte Ulrich natürlich nicht bemerkt, an welcher Stelle dies geschehen war. Verzweifelt blätterte er in seinem Reclam-Heft und stieß dabei mit lautem Krach die Lampe im Souffleurkasten um. Diese erlosch.

Das Publikum wurde unruhig. Man hörte unterdrücktes Kichern. Immer noch kniete der Prinz mit erhobenem Arm auf der Bühne. Der Schweiß perlte von seiner Stirn.

In diesem Augenblick höchster Not stieß der Spielleiter des Stückes, unser Klassenlehrer „Papa Adi", den kurfürstlichen Reiter Wilfried mit heftigem Ruck auf die Bühne, damit dieser wenigstens die Meldung verbringen konnte, die Kutsche der gnädigen Frau Kurfürstin sei vorgefahren.

Aber der Reiter Wilfried verfing sich mit dem rechten Fuß in einem Beleuchtungskabel, und mit dem Ruf „Frau Kurfürstin" stürzte er platterdings auf die Bühne und blieb dort regungslos liegen.

Da war es mit der Fassung des Publikums vorbei. Tosendes Gelächter erfüllte die ehrwürdige Aula, und ich sehe noch heute unseren Griechisch-Lehrer, der wegen seiner spitzen Zunge gefürchtet war, sich in unbeschreiblicher Wonne auf die Schenkel schlagen.

Der herniedersausende Vorhang, der den armen Prinzen sowie den Reiter Wilfried fast erschlug, beendete das beschämende Schauspiel.

Das Schlimme bei der Angelegenheit war, dass der Statist Christian, anstatt in Tränen auszubrechen ob des Unglücks seiner Mitspieler auf der Bühne so laut lachte, dass die entrüstete Lore ihn von diesem Tage an keines Blickes mehr würdigte.

Fast das Gleiche passierte mir Jahre später in meiner Studentenzeit, als ich im Opernhaus als Statist in „Rienzi" mitwirkte. Hier hatte ich ein Auge auf eine hübsche Sängerin des Chores geworfen, während ich als römischer Söldner karussellartig über die Bühne marschierte. (An dieser Aufführung war vielleicht besonders bemerkenswert, dass viele der römischen Kameraden bereits Brillen und Armbanduhren trugen.)

Rienzi sollte hoch zu Ross auf die Bühne reiten. Man bediente sich hierzu eines alten Schimmels, der allabendlich von der Stadtgärtnerei zur Verfügung gestellt wurde.

Als nun der Volkstribun, gefolgt von den römischen Kriegern, gerade auf die Bühne reiten wollte, nahm der Statist Christian, um seiner Angebeteten zu imponieren, die Lanze von der Schulter und stach dem alten Schimmel hinterrücks in den Allerwertesten.

Das gepeinigte Tier, das nur sanfteste Bühnenbehandlung gewohnt war, machte daraufhin einen gewaltigen Satz, und Rienzi purzelte mitten im Anfang seiner nunmehr unvollendeten Arie auf die Bühne, was wiederum das tosende Gelächter der Zuschauer hervorrief.

Ich wurde fristlos entlassen und konnte froh sein, dass ich mangels Einkommen nicht noch Schadensersatz für den Herzog zu leisten hatte, der sich eine kräftige Verstauchung zugezogen hatte, die nur durch seine Leibesfülle gemildert worden war.

Irgendwann später habe ich dann doch noch mein Glück in der Liebe gefunden. Aber darüber wäre in einem besonderen Buch zu berichten.

DAS JUBELPAAR

Über Stefans Schicksal habe ich bereits im ersten Band der „Orgelpfeifen" berichtet. Und Benjamin war noch zu jung, als dass ich viel über seine Kinderfreundschaften berichten könnte.

Aber von einem Paar muss ich noch erzählen, ohne das dieses Buch nie entstanden wäre, nämlich von meinen Eltern. Lassen Sie mich über die Silberhochzeit unserer Eltern berichten, denn diese war ein denkwürdiges Ereignis in unserer Familie.

Wir waren damals schon in jene Industriestadt übergesiedelt, in der Vater später sein frühes, allzu frühes Ende fand. Bald hatten wir uns eingelebt und streiften durch Wiesen und Wälder, als hätten wir immer dort gewohnt.

Die grünen Tannen und weißen Birken, die mächtigen Buchen und harzigen Kiefern rauschten ihr geheimnisvolles Lied über Sand und Heide. Die tiefblauen Seen blitzten, und die Raubvögel kreisten.

Im Sommer war unser tägliches Ziel der kleine Mäckarsee, wo wir unsere Schwimmkünste unter Beweis stellten. Auch Vater kam täglich um die Mittagszeit an den See. Er stieg, sich vorsichtig abkühlend, in die Fluten und schwamm dann einmal um den ganzen See herum, was immerhin eine geschlagene Stunde dauerte. Als Vater später auf dem Sterbebett lag, da sagte er seufzend zu mir: „Ach könnte ich doch noch einmal über den Mäckarsee schwimmen!"

Lassen Sie mich vor der Schilderung der Silber-hochzeit noch ein paar Geschichten von Vater er-zählen, die es wert sind, aufgezeichnet zu werden.

Da ist zunächst einmal die Geschichte mit der falschen Beerdigung.

Da zu unserer Gemeinde etwa zehntausend Ein-wohner gehörten, hatte Vater immer viel zu tun. Er war daher stets im Galopp, und ohne Fahrrad hätte er all die vielen Hochzeiten, Taufen und Beerdigun-gen gar nicht bewältigen können.

Auf seinem Schreibtisch lag ein Terminkalender, in dem er oder Mutter alle Amtshandlungen zu ver-zeichnen pflegten. Später hat niemand klären kön-nen, wie es dazu kam, aber unglücklicherweise wa-ren zwei Beerdigungen am gleichen Tag falsch ter-miniert; das heißt die Uhrzeiten waren verwechselt worden.

Bei der ersten Beerdigung, die um vierzehn Uhr stattfinden sollte, handelte es sich um einen viel zu früh verstorbenen braven jungen Mann, der niemals jemand etwas zu Leide getan hatte.

Bei der um fünfzehn Uhr eingetragenen Beerdi-gung handelte es sich hingegen um einen ortsbe-kannten Säufer und Liederjahn, der seiner armen Frau und seinen zahlreichen Kindern nur Kummer und Sorgen bereitet hatte.

Vater hatte also, wie gesagt, die Termine verwech-selt. Als er etwas verspätet von einem Besuch kom-mend den Friedhof betrat, war die Trauergemeinde schon versammelt.

Vater trat an das Grab und hielt eine geharnischte Predigt über das Lotterleben des Entschlafenen, was die entsetzten Trauergäste natürlich maßlos bestürzte. Denn sie hatten bis dahin nicht das Geringste von diesen lästerlichen Eigenschaften des jungen Entschlafenen geahnt.

Ohne Vater die Hand zu schütteln, verließen sie entrüstet den Friedhof, während bereits der nächste Trauerzug nahte.

Wie erstaunt war die leidgeprüfte Witwe nun, als Vater mit warmen Worten das Leben des Dahingeschiedenen beschrieb und ihm einen Platz im Himmel verhieß. Bitterlich schluchzend erkannte sie, dass sie ihren Gatten zeitlebens so verkannt hatte. Und sie tat im Geiste Abbitte für jedes böse Wort, das sie zu seinen Lebzeiten so reichlich gesagt hatte.

Dieser Zwischenfall hat Vaters Beliebtheit keinen Abbruch getan. Nur er selbst hat sich diese Geschichte sehr zu Herzen genommen und ist jahrelang nicht darüber weggekommen. Aber ich meine, der Vater im Himmel wird die Sache mit den Entschlafenen schon wieder in Ordnung gebracht und jedem den Platz angewiesen haben, der ihm zustand.

Eine unbeschreiblich komische Geschichte habe ich noch bei einer Geburtstagsfeier erlebt, als wir dem bejahrten Geburtstagskind ein Ständchen brachten.

In unserer Gemeinde lebten drei ältliche Schwestern, die brav zur Kirche gingen und allesamt ein gütiges Herz hatten. Sie waren ehelos geblieben und lebten gemeinsam in einem Häuschen am Waldrand. Mit ihnen lebte in diesem Haus ein etwas schrulliger Bruder, auch schon ein älterer Herr mit weißem Haar, der äußerst schwerhörig war.

Ich war damals als junger Student wegen meiner sportlichen Leistungen bekannt geworden, die auch an das Ohr des alten Herrn gedrungen waren. Nachdem wir also unser Ständchen für das Geburtstagskind, die Älteste der Schwestern, geblasen hatten, begann er mir lebhaft von den Vorzügen der Schwedischen Gymnastik zu erzählen.

Inzwischen hatte Vater das Andachtsbüchlein hervorgeholt und begann daraus vorzulesen. Alles schwieg, nur der alte Herr hatte infolge seiner Schwerhörigkeit die eingetretene Stille nicht wahrgenommen. Und so konnte man in die ersten Worte von Vaters Andacht hinein den klassischen Satz vernehmen: „Die Hauptsache ist das Nacktschlafen, Herr Studiosus!"

Dass nicht nur Vater, sondern auch die drei Schwestern wie gelähmt dasaßen, während Georg und Johannes sich auf die Lippen bissen, ist verständlich. Und immer, wenn ich wieder einmal etwas von Schwedischer Gymnastik höre, muss ich an diesen Vorfall denken.

Die Silberhochzeit unserer Eltern fand im Gemeindehaus statt, da Hunderte von Gästen gekommen waren. Außerdem meinten die Eltern, dass dieser Ehrentag nur in der großen Familie gefeiert werden sollte, für die sie in erster Linie da waren, nämlich in der Gemeinde.

Da saßen sie nun alle: der Schleusenmeister Kunkel, der alte Vater Gerhard, der immer unsere Kaninchen schlachtete, die gute Mutter Hirseland, die unsere Strümpfe stopfte, die brave Schwester Sophie, der Organist Briesemeister und wie die lieben Leute alle hießen, denen das Herz und die Liebe unserer Eltern gehörte.

Blumen über Blumen schmückten die weißgedeckten Tische, und Waschkörbe voll Kuchen wurden hereingebracht und vertilgt.

Der Posaunenchor, wir in seiner Mitte, hatte auf dem Podium Platz genommen, und der Kirchenchor unter Herrn Briesemeisters Leitung sang eine Kantate von Bach. Ein Berg von Geschenken, Briefen und Telegrammen häufte sich vor dem Jubelpaar, das vor Rührung nicht wusste, ob es weinen oder lachen sollte.

Flammende Dahlien- und Asternsträuße, rote Zinnien und Gladiolen, goldene Sonnenblumen und purpurne Rosen zierten die Tische. Rotwangige Äpfel und goldgelbe Birnen prangten in mächtigen Schalen, und weiß gekleidete Mädchen schenkten aus dickbauchigen Kannen duftenden Kaffee ein.

Als Vater sich erhob, um in bewegten Worten für alle Ehre und Güte zu danken, die seiner treuen Gattin und ihm in so überreichem Maße zuteil geworden war, hob Herr Briesemeister den Taktstock.

Und unter dem dröhnenden Klang der Posaunen
scholl es aus tiefstem Herzen:

> „Großer Gott, wir loben dich;
> Herr, wir preisen deine Stärke.
> Vor dir neigt die Erde sich
> und bewundert deine Werke.
> Wie du warst vor aller Zeit,
> so bleibst du in Ewigkeit."

Die Vorgeschichte dieser Erzählung in

Christian Ryke

Wie die Orgelpfeifen

160 Seiten. Fester Einband
Bestell-Nr. 3-7655-1661-9

Sie waren elf Kinder und ein Hund ... und wenn
ein Besuch beim Fotografen angesagt war, um ein
Familienfoto machen zu lassen, dann war das mit
schier unlösbaren Schwierigkeiten verbunden.
    Herzerfrischend zu lesen sind die Erinnerungen
des Autors an sein Elternhaus. Christian Ryke
schildert das bunte, abwechslungsreiche Leben
einer Pfarrerfamilie auf dem Lande vor mehr als
einem halben Jahrhundert. Es sind nachdenkliche
und heitere Geschichten von den Pflichten und
Streichen im Geschwisterkreis, aber auch von den
Sorgen der Eltern, die ihren Kindern keine
Reichtümer geben, aber ein liebevolles Zuhause
schenken konnten.

BRUNNEN VERLAG GIESSEN
www.brunnen-verlag.de